• Die Sprachzeitung •

THEMENHEFT

# Zoom sur Paris

Entre rêve et réalité | Niveau B1 – C1

Bettina Fischer

Carl Ed. Schünemann KG

*Liebe Lehrende, liebe Lernende,*

mit diesem Themenheft bieten wir Ihnen eine Sammlung mit Pressetexten und Übungseinheiten für den Französischunterricht an.
Jede Übungseinheit enthält einen *Première approche*-Teil, der in das Thema einführt. Im Mittelpunkt steht jeweils ein Zeitungsartikel, der kompetenzorientiert Aufgaben in den Phasen *Avant, Pendant* und *Après la lecture* anbietet. Der Abschnitt *Pour aller plus loin* bietet Möglichkeiten des Transfers und der weiteren kreativen Literaturarbeit. Links zu Liedern, Hördokumenten und Videoclips sorgen für Materialvielfalt. In den *Annexes* stehen den Lernenden Hilfen im Bereich des themenspezifischen bzw. methodischen Wortschatzes zur Verfügung, außerdem Karten der Pariser Arrondissements und der Region Île-de-France. Ein ausführlicher Lösungsteil rundet das Angebot ab.

Viel Spaß und Erfolg mit *Zoom sur Paris* wünscht

*Ihre Französisch-Redaktion*

| PHOTO : *Getty Images/Stéphane Cardinale - Corbis*

# Une capitale qui fait rêver

**Paris, ville de l'amour, de la culture, de la mode… Nombreuses sont les images qui surgissent quand on pense à la capitale française. Entrons dans un Paris de rêves et de paillettes, mais brisons aussi quelques clichés.**

## Première approche

**1. Lisez les citations suivantes puis discutez en classe.**

**a)** Parmi ces citations, laquelle correspond le plus à l'image que vous vous faites de Paris ? Justifiez votre réponse.

**b)** En vous appuyant sur les citations, dégagez les domaines dans lesquels Paris joue un grand rôle.

**c)** À quels autres domaines associez-vous Paris **?**

« *La France sans Paris,*
*c'est comme un gigot sans moutarde.* »
PIERRE PERRET, AUTEUR-COMPOSITEUR-INTERPRÈTE, *1934

« *Ce que Paris conseille,*
*l'Europe le médite ;*
*ce que Paris commence,*
*l'Europe le continue.* »
VICTOR HUGO, ÉCRIVAIN, 1802-1885

« *Ajoutez deux lettres à Paris : c'est le paradis.* »
JULES RENARD, ÉCRIVAIN, 1864-1910

« *C'est beau l'amour. Surtout à Paris,*
*la nuit, quand tout le monde regarde et*
*que personne ne voit.* »
THOMAS DAY, ÉCRIVAIN, *1971

« *Paris est une fête.* »
ERNEST HEMINGWAY, ÉCRIVAIN, 1899-1961

« *À Paris, j'ai sous les yeux les*
*cinq mille hectares du monde où il a été le*
*plus pensé, le plus parlé, le plus écrit.* »
JEAN GIRAUDOUX, ÉCRIVAIN, 1882-1944

« *Paris dicte la mode au monde entier.* »
MARIA CALLAS, CANTATRICE, 1923-1977

« *Mon Paris est une ville de rêve, une cité de cinéma.* »
MARTIN SCORSESE, RÉALISATEUR, *1942

**2. Écoutez deux fois la chanson « Paname » de Slimane, prenez des notes puis discutez en classe des questions suivantes.**

« Paname », Slimane, 14.06.2016
https://www.youtube.com/watch?v=Xs9oa3K9aIU

**a)** À quoi ressemble la vie du chanteur avant son départ pour Paris (Paname) ?

**b)** Quel est son rêve ?

**c)** Que symbolise Paris pour le chanteur ?

## Avant la lecture

**3. Lisez le titre et regardez la photo de l'article en page 6.**

**a) Que vous inspirent ce titre et cette photo ? Notez vos impressions.**

______________________________________________

______________________________________________

______________________________________________

**b) Que savez-vous de la Fashion Week de Paris ? Notez des mots-clés.**

______________________________________________

______________________________________________

______________________________________________

**4. Renseignez-vous sur les lieux suivants pour remplir le tableau comme dans l'exemple : notez dans quel arrondissement de Paris ils se trouvent ainsi qu'une particularité de chaque lieu.**

| lieu et arrondissement | une particularité du lieu |
|---|---|
| le Petit Palais (8e) | Il fut construit à l'occasion de l'Exposition universelle de 1900. |
| le Grand Palais | |
| le Louvre | |
| le musée Rodin | |
| le Palais de Tokyo | |
| le Carreau du Temple | |
| le Palais Garnier | |

# Paris, décor extraordinaire des défilés de mode

**Lors de la Fashion Week** *de Paris en octobre 2020, la maison Chanel a présenté sa collection printemps-été 2021 sous la coupole du Grand Palais.* | PHOTO : *Getty Images/ Stéphane Cardinale - Corbis*

> *Paris, c'est le Graal des créateurs de mode. Tout l'écosystème est présent plusieurs fois par an.*
>
> NICOLAS DELARUE, CONSEILLER EN COMMUNICATION DE LA FÉDÉRATION DE LA HAUTE COUTURE ET DE LA MODE (LEPARISIEN.FR, 24.01.2023)

1 À CHAQUE Fashion Week, le monde de la mode *scrute* le défilé le plus inventif, le plus fou, le plus chic. Cette semaine encore [du 17 au 22 janvier 2023], alors que se tient celle de Paris, il faut marquer les esprits avec sa collection, mais aussi avec une scénographie et un décor *inédits*. Avant les images et les vingt minutes que dure un défilé, des mois de *tractation*. Les lieux sont choisis en fonction de l'esthétique du défilé, mais aussi en fonction de la rareté. Un jeu où chacun veut avoir la meilleure place.

2 « Les maisons de couture *déploient* pas mal de génie dans leur scénographie, mais elles sont toujours à la recherche de nouveaux lieux. (…) Une fois que la maison a choisi un site, nous discutons toujours avec la préfecture de police pour voir s'il est adapté. Tous les musées ne peuvent pas accueillir un défilé. La *nef* du Petit Palais est, par exemple, exclue, car les statuettes très fragiles qui y sont présentes sont indéplaçables », décrit Nicolas Delarue, conseiller en communication de la Fédération de la haute couture et de la mode. (…)

3 Certaines maisons *ont noué* des partenariats avec des lieux prestigieux. C'est le cas de Chanel au Grand Palais. La maison de couture est ainsi *mécène* exclusif de sa restauration, à hauteur de 25 millions d'euros. Pendant les travaux, le défilé prend place au Grand Palais *éphémère*. Louis Vuitton (…) *jouit d'*un partenariat avec le Louvre. Et depuis une dizaine d'années, Dior a posé son matériel de couture dans les jardins du musée Rodin (VIIe), où la maison installe une construction monumentale.

4 « Nous sommes un établissement *classé*, donc, à chaque fois, nous soumettons le projet des artistes aux architectes des Bâtiments de France. Forcément, cela entraîne quelques *nuisances* pour les visiteurs puisque l'installation de la structure prend près d'un mois. Mais depuis plusieurs années, nous l'ouvrons ensuite au public pendant une semaine après le défilé », précise Hugues Herpin, chef du service des affaires stratégiques et évènementielles du musée Rodin. (…)

5 Au Palais de Tokyo, un lieu où les fans sont sûrs d'apercevoir des créateurs et des stars pendant la Fashion Week, on accueille près d'une cinquantaine de défilés par an. « Le bâtiment est très *brut* et, du coup, très *malléable*. Les rénovations de 2002 et 2012 ont été pensées pour pouvoir accueillir des défilés. D'une Fashion Week à une autre, il n'y a pas de temps mort. Les maisons nous choisissent pour la localisation, le côté emblématique du lieu et le lien fort fait avec la création. Nous avons même une équipe *dédiée* », raconte Fabienne Benainous, responsable des privatisations. À côté des grandes maisons, le Palais de Tokyo se donne pour mission d'accueillir des jeunes créateurs.

6 Dans un secteur où les réservations se font parfois à la dernière minute, les grands créateurs s'organisent plusieurs mois *en amont*. *Hormis* les partenariats de longue date, c'est souvent le premier arrivé, le premier servi. À chaque saison, le Carreau du Temple accueille par exemple une grande maison de prêt-à-porter et une maison de haute couture. Après sa rénovation en 2014, le site a signé une exclusivité avec la maison Yves Saint Laurent pendant deux ans, avant de s'ouvrir à d'autres. (…)

7 Autre classique des couturiers, le Palais Garnier *est sollicité* très régulièrement. « Nous restons un théâtre en premier lieu, donc il faut que le show fonctionne avec ce qu'il se passe dans la salle de spectacle. Notre première exigence, c'est donc la compatibilité du défilé avec nos propres activités. Nous sommes très *regardants* sur l'horaire du défilé et le temps de montage, par exemple. L'avantage d'un lieu comme le Palais Garnier, c'est qu'il se suffit à lui-même en termes de décor », confie Marie Hoffmann, responsable de location des espaces publics pour l'Opéra de Paris. (…)

*Estelle Dautry et Clémence Bauduin*
*24-1-2023 © leparisien.fr*

1 **SCRUTER** unter die Lupe nehmen, h.: suchen nach, die Augen offen halten nach – **inédit** beispiellos, neuartig – **tractation** (f.) h.: Vorbereitung
2–3 **déployer** zeigen – **nef** (f.) (Kirchen-) Schiff, h.: Gebäudeinneres, Ausstellungshalle – **nouer** knüpfen, h.: eingehen – **mécène** (m./f.) Mäzen/in, Förderer/-in – **éphémère** temporär – **jouir de** profitieren von
4–5 **classé** unter Denkmalschutz – **nuisance** (f.) Beeinträchtigung, Unannehmlichkeit – **brut** h.: nüchtern – **malléable** h.: anpassbar, ausbaufähig – **dédié** speziell dafür vorgesehen
6–7 **en amont** im Voraus – **hormis** bis auf – **être sollicité** angefragt werden – **regardant** pingelig

## Pendant la lecture

**5. Survolez une première fois l'article de la page 6.**

**a) Notez des informations que vous trouvez intéressantes, étonnantes, impressionnantes, …**

- Je trouve intéressant que ______________________________ .
- Il me semble étonnant que ______________________________ .
- C'est impressionnant que ______________________________ .
- ______________________________ .

**b) À deux, présentez-vous vos réponses.**

**6. Lisez maintenant l'article de manière plus approfondie. Cochez la bonne réponse ou complétez.**

**a)** Les maisons de couture choisissent les lieux de leurs défilés en partie en fonction…

A ◯ des coûts. B ◯ du style de défilé. C ◯ de l'accessibilité du site.

**b)** Lors du choix d'un lieu, il faut s'assurer…

A ◯ qu'il est en mesure de recevoir un défilé.
B ◯ qu'il est accessible à tout le monde.
C ◯ qu'il pourra remplir ses fonctions habituelles pendant le défilé.

**c)** La maison de couture…

… Chanel collabore avec ______________________________ .

… Louis Vuitton collabore avec ______________________________ .

… Dior collabore avec ______________________________ .

**d)** Avant la Fashion Week, les visiteurs du musée Rodin doivent s'attendre à…

______________________________ .

**e)** Citez des avantages du Palais de Tokyo comme lieu d'accueil de défilés.

______________________________

______________________________

**f)** Les grands créateurs réservent les lieux de leurs défilés…

A ◯ au dernier moment. B ◯ des mois avant. C ◯ des années avant.

**g)** Les défilés qui ont lieu au Palais Garnier doivent…

______________________________ .

 

## Après la lecture

7. « le défilé le plus inventif, le plus fou, le plus chic » (§1)

**Formulez des comparaisons avec les groupes de mots suivants. Employez le comparatif (+ plus que / – moins que / = aussi que) ou le superlatif ( ++ le, la plus… / –– le, la moins…). Pensez à accorder là où c'est nécessaire.**

a) Paris / être / la ville / ++ visité / de France.

______________________________

b) Dans le domaine de la mode, / Paris / être / + important / Berlin.

______________________________

c) Paris / être / – propre / les autres capitales européennes ?

______________________________

d) Pensez-vous vraiment que la vie à la campagne / être / = divertissant / la vie à Paris ?

______________________________

e) Paris / être / probablement / la ville / –– abordable / de France.

______________________________

8. **Par groupe de quatre, vous allez vous renseigner sur Mossi Traoré, créateur de mode solidaire et sociale.**

**Deux personnes (binôme A) écoutent le document sonore suivant et répondent aux questions ci-après.**

« Mossi Traoré réunit mode et entrepreneuriat solidaire », rfi, 30.08.2020

https://www.rfi.fr/fr/podcasts/20200830-mossi-traor%C3%A9%E2%80%AFr%C3%A9unit-la-mode-et-l-entrepreneuriat-solidaire

**chiper** (fam.) = voler, dérober • **coudre** = créer des vêtements

- À quoi fait référence le nom de sa marque ?
- Quels quatre mots résument la philosophie de sa marque ?
- Comment la passion pour les vêtements lui est-elle venue ?
- Avec quelles valeurs a-t-il grandi ?
- Quel est son rêve ?

**Deux personnes (binôme B) lisent les trois premiers paragraphes de l'article ci-après et prennent des notes sur :**

- le parcours de Mossi Traoré
- ses rêves et projets

« Mossi Traoré, créateur engagé », Les Echos, 19.02.2021
https://www.lesechos.fr/weekend/mode-beaute/mossi-traore-createur-engage-1291718

**Mettez ensuite vos résultats en commun.**

9. **Après avoir fait connaissance avec Mossi Traoré, mettez-vous à sa place et écrivez sur une feuille A3 des phrases qu'il aurait pu prononcer. Pour vous aider, voici quelques débuts de phrases :**

   *« Pour moi, la mode est… »*

   *« La mode n'est pas seulement du glamour, mais aussi… »*

   *« À Paris, … »*

   **Comparez ensuite vos résultats en classe.**

10. **Reformulez une strophe et le refrain de la chanson « Paname » de Slimane (voir exercice 2) en les adaptant à la situation de Mossi Traoré.**

## Pour aller plus loin

11. **Lisez la nouvelle « Une aventure parisienne » de Guy de Maupassant.**

*« Une aventure parisienne », de Guy de Maupassant, dans « Les Dimanches d'un bourgeois de Paris – et autres aventures parisiennes », Éditions Fayard/Mille et une nuits, 2004, 144 pages.*

**a) Au cours de votre lecture, prenez des notes sur les aspects suivants :**

- la vie provinciale de la protagoniste
- sa vision de Paris et de la vie parisienne
- ses impressions quant à son « aventure parisienne »

**b) Mettez la citation suivante en rapport avec le message de la nouvelle.**

*« Le grand avantage des provinciaux, c'est qu'après avoir admiré Paris, ils peuvent le quitter. »*
HENRI ROCHEFORT, JOURNALISTE ET HOMME POLITIQUE, 1831-1913

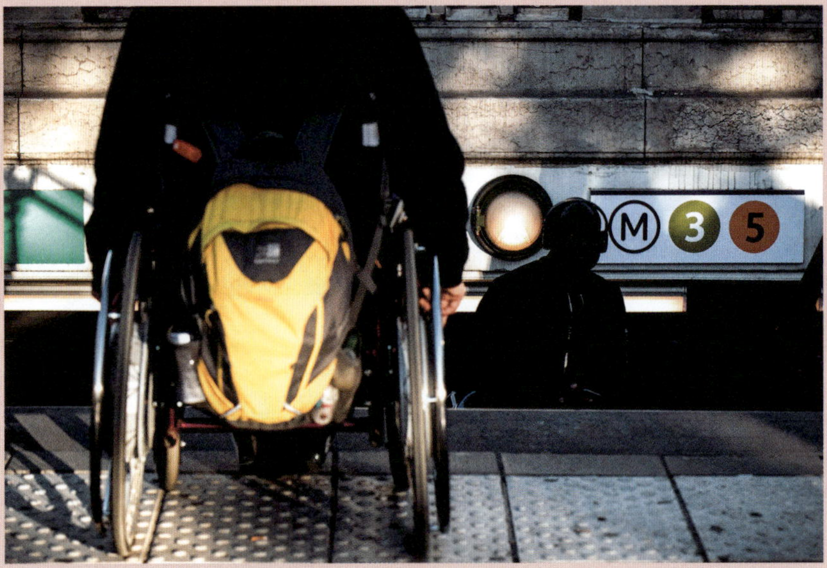


| PHOTO : *Getty Images/Philippe Lopez/AFP*

# Paris, ville accessible à tous ?

**Beaucoup rêvent de visiter Paris, voire d'y vivre un jour. Mais comment la capitale accueille-t-elle ses visiteurs et quelle qualité de vie propose-t-elle à ses habitants ? Intéressons-nous au quotidien de cette grande ville.**

## Première approche

1. **Par groupe de deux : un élève observe la photo de gauche, l'autre élève la photo de droite.**

| PHOTO : *Getty Images/Massimo Borchi/Atlantide Phototravel*

| PHOTO : *Getty Images/Darrell Gulin*

a) **Que voyez-vous sur la photo ? Quel(s) lieu(x) reconnaissez-vous ? Comment est l'ambiance ? Que vous inspire l'image ? Prenez des notes.**

Voir l'annexe « Expressions utiles » en page 51.

b) **Présentez vos résultats à votre partenaire.**

c) **Dégagez ensemble des parallèles entre les deux photos.**

## Avant la lecture

2. **Sur les photos de la page précédente, on voit des escaliers menant au métro parisien. Or, pour une personne à mobilité réduite, ces entrées de métro ne sont pas accessibles.**

a) **Dans quels autres lieux et situations de la vie quotidienne les personnes à mobilité réduite sont-elles parfois empêchées ? Complétez le filet à mots suivant avec vos idées.**

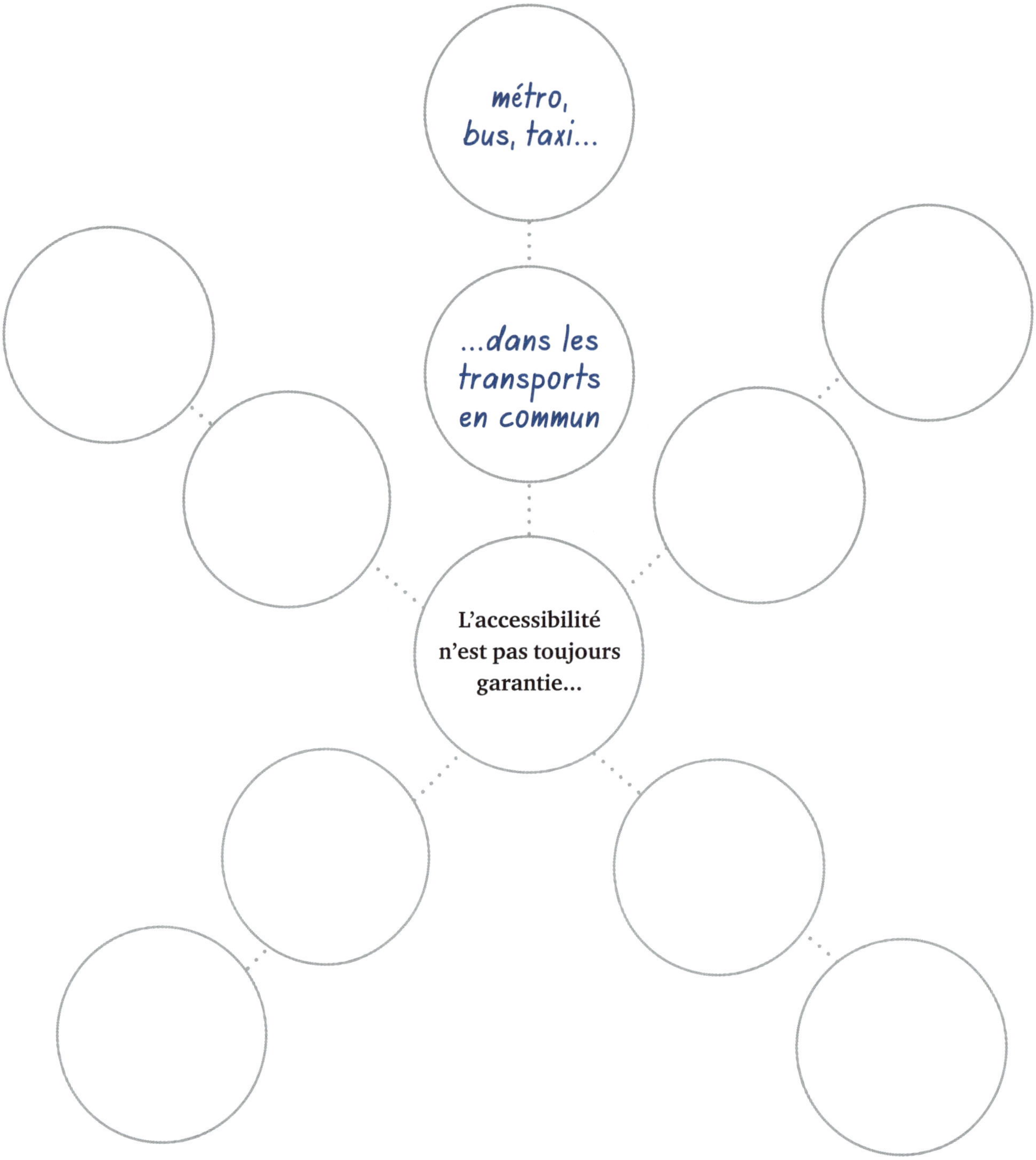


b) **À votre avis, que signifie le mot « accessibilité » ?**

# Avant les Jeux olympiques et paralympiques 2024, Paris face à l'immense défi de l'accessibilité

1 UNE POIGNÉE de stations de métro 100 % accessibles, sur plus de 300 à Paris : le *casse-tête* quotidien des usagers handicapés des transports en commun franciliens *est révélateur du* défi auquel font face les organisateurs des Jeux olympiques et paralympiques de 2024, à un an et demi de leur ouverture. Des millions de visiteurs seront attendus dans la capitale, dont de nombreux athlètes et touristes en situation de handicap. Dans une ville où les obstacles à l'accessibilité sont souvent dénoncés, les *parties prenantes ont planché sur* de nombreux *aménagements*, des transports en commun à l'espace public, en passant par les sites des compétitions. (…)

2 *Au cœur des préoccupations* : les transports en commun. Dans le métro, seule la ligne 14 ainsi que les prolongements récents ou à venir de lignes sont 100 % accessibles, soit 24 stations en tout. « Le métro historique est exclu du *délai* de dix ans imposé par la loi de 2005 [sur l'égalité des droits et des chances, la participation et la citoyenneté des personnes handicapées, *NDLR*], en raison des nombreux obstacles techniques et des difficultés d'*insertion* dans le sous-sol parisien que supposerait sa mise en accessibilité », explique Île-de-France Mobilités auprès de « L'Obs », assurant toutefois travailler à l'accessibilité du réseau sur d'autres aspects.

3 Un programme de mécanisation entend ainsi ajouter, d'ici 2024, 200 escaliers mécaniques aux 800 existants pour faciliter les déplacements des personnes à mobilité réduite dans le métro. L'ensemble des gares des RER A et B sont accessibles – mais certains *dispositifs* permettant l'accès aux quais aux utilisateurs de fauteuil roulant nécessitent l'aide d'agents sur place. Toutes les lignes de bus parisiennes sont considérées comme accessibles, tout comme 86 % du réseau de bus de banlieue, et 100 % du tramway.

4 Le service PAM (Pour Aider à la Mobilité), qui permet de *pallier les insuffisances* des transports en commun grâce à des transports individuels dans des véhicules adaptés, devrait lui être simplifié grâce à une régionalisation de son fonctionnement à partir de 2023 (…). Quant aux taxis parisiens, la flotte des véhicules accessibles doit être triplée pour atteindre 1 000 taxis, grâce à une aide financière de l'État annoncée cette année.

5 Au cœur des prochains JO, les sites des compétitions ont également été pensés afin d'être accessibles au plus grand nombre. (…) Ludivine Munos, ancienne nageuse paralympique et responsable de l'intégration paralympique au comité d'organisation de Paris 2024, évoque un travail minutieux. « Tous les types d'aménagements sont pris en compte, de la taille des lavabos dans les vestiaires à la hauteur des bancs, de la *signalétique* adaptée aux personnes atteintes d'une *déficience visuelle* à la *gestion des flux* de personnes dans les sites », explique-t-elle.

6 L'accessibilité numérique a également été réfléchie, puisqu'il « faut pouvoir trouver des informations, préparer son voyage, son trajet, acheter son billet facilement et rapidement », précise Ludivine Munos. « Cela nécessite que l'ensemble de nos sites internet soient accessibles à tous, y compris aux personnes atteintes d'un handicap visuel. » (…)

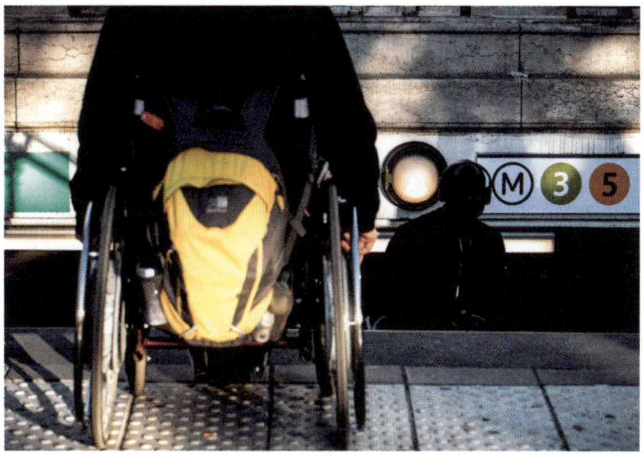


**Une personne** *en fauteuil roulant devant une entrée de métro parisienne.* | PHOTO : *Getty Images/Philippe Lopez/AFP*

7 La capitale, elle aussi, tente de se transformer. « Dans une ville patrimoniale comme Paris, c'est un défi », reconnaît Pierre Rabadan, adjoint à la Mairie en charge du Sport, des Jeux olympiques et paralympiques et de la Seine. Un travail de mise en accessibilité des établissements recevant du public (bibliothèques, gymnase, piscines, crèches, écoles ou encore églises) a commencé. (…)

8 Autre chantier de taille : la mise en place de 17 zones d'accessibilité augmentée, un par arrondissement – les $1^{er}$, $2^{e}$, $3^{e}$ et $4^{e}$ arrondissements étant regroupés compte tenu de leur taille. Objectif : que tous les logements, hébergements, transports, commerces, écoles, services publics, espaces culturels ou sportifs y soient accessibles à tous sans aucune contrainte. Une condition qui *requiert* de multiples aménagements au niveau des trottoirs, des assises, des commerces, des arrêts de bus ou encore des passages piétons.

9 Et comme l'inaccessibilité de l'espace public à tous est parfois aussi liée aux *incivilités*, Pierre Rabadan note que la nouvelle police municipale « sera chargée de veiller aux voitures et aux vélos mal garés, aux trottinettes sur les trottoirs, aux poubelles et à tout ce qui peut gêner les piétons de manière générale ». (…)

10 Patrice Tripoteau, directeur général adjoint d'APF France Handicap, salue l'engagement affiché par les organisateurs, mais confie : « Nous resterons attentifs, car si nous n'arrivons pas à organiser ces Jeux de manière accessible, ce sera une honte pour la France sur le champ du handicap devant le monde entier. » (…)

*Marie Fiachetti*
2-12-2022 © *L'Obs*

1 **CASSE-TÊTE** (m.) (fig.) knifflige Aufgabe, h.: Problem – **être révélateur/-trice de qc** Ausdruck e-r S. sein, über etw. Aufschluss geben – **partie** (f.) **prenante** Beteiligte/r, Interessenvertreter/in – **plancher sur qc** s. mit etw. beschäftigen – **aménagement** (m.) h.: Ausbau, Umbau
2–4 **au cœur des préoccupations** ein Hauptanliegen – **délai** (m.) Frist – **NDLR = note de la rédaction** – **insertion** (f.) Einfügen, Integration – **dispositif** (m.) Vorrichtung – **pallier une insuffisance** einen Mangel beheben
5–10 **signalétique** (f.) Beschilderung – **déficience** (f.) **visuelle** Sehstörung – **gestion** (f.) **de** Umgang mit – **flux** (m.) Strom – **requérir** erfordern – **incivilités** (f. pl.) unsoziales Verhalten

## Pendant la lecture

3. **Lisez le premier paragraphe de l'article en page 13 et résumez avec vos propres mots le problème qui y est décrit.**

4. **Lisez maintenant l'article en entier. Cochez les deux réponses correctes de chaque questionnaire, puis répondez aux questions.**

**a)** La partie « historique » du métro de Paris est confrontée à un défi car…

A ◯ la plupart de ses stations ne sont pas accessibles aux personnes handicapées.
B ◯ une loi datant de 2005 impose sa mise en accessibilité aux personnes handicapées.
C ◯ une loi datant de 2005 exige la fermeture de certaines de ses stations non accessibles.
D ◯ des difficultés techniques empêchent sa mise en accessibilité.

**b)** Pour garantir l'accessibilité des transports parisiens, il est prévu…

A ◯ de construire de nouveaux escaliers mécaniques.
B ◯ de mettre en place un service de transports individuels.
C ◯ de recruter des bénévoles pour aider les personnes à mobilité réduite.
D ◯ de retirer de la circulation les taxis parisiens non accessibles.

**c)** La sportive Ludivine Munos évoque les mesures prises pour garantir l'accessibilité des Jeux de 2024, notamment…

A ◯ l'assistance médicale.
B ◯ la distribution d'eau.
C ◯ l'aménagement des sites.
D ◯ l'accessibilité des informations en ligne.

**d)** Qu'est-ce qu'une « zone d'accessibilité augmentée » ?

______________________________

______________________________

______________________________

**e)** Quelles incivilités citées dans le texte entravent l'accessibilité de l'espace public ?

- ______________________________
- ______________________________
- ______________________________

## Après la lecture

**Rester… ou quitter Paris ?**

**5. « Avec des si, on mettrait Paris en bouteille ». Complétez les propositions conditionnelles suivantes comme dans l'exemple.**

Exemple : Si les loyers à Paris **arrêtaient** *(arrêter)* d'augmenter, je ne **serais** *(être)* pas obligé de déménager en province.

**a)** Si les transports en commun ________________ *(devenir)* plus accessibles aux personnes handicapées, leur qualité de vie ________________ *(augmenter)*, c'est certain.

**b)** S'il y ________________ *(avoir)* plus d'espaces verts à Paris, je ________________ *(pouvoir)* m'imaginer y vivre pour toujours.

**c)** Toute ma famille a quitté Paris pour le sud de la France. Si ma famille ________________ *(habiter)* encore à Paris, j'y ________________ *(rester)* aussi.

**6. Depuis une dizaine d'années, de plus en plus de Parisiens quittent Paris pour la banlieue ou la province. Discutez des avantages et des inconvénients de la vie à Paris sous la forme d'un jeu de rôle (exercice A) ou d'une discussion (exercice B).**

A Par groupe de deux ou trois, vous allez vous mettre à la place de personnes qui réfléchissent à quitter Paris : un couple retraité ou un jeune couple un couple et leur enfant adolescent. Notez d'abord dans un tableau des raisons de rester à Paris et des raisons d'en partir. Ensuite, utilisez vos notes pour jouer une scène durant laquelle les personnages pèsent le pour et le contre avant de prendre une décision.

B Séparez la classe en deux groupes. Un groupe réfléchit aux avantages de la vie à Paris et aux raisons d'y rester, l'autre groupe aux inconvénients de la vie à Paris et aux raisons de quitter la capitale. Ensuite, chaque groupe présente tour à tour ses arguments. À la fin, les deux groupes essaient de se mettre d'accord sur une solution.

Voir l'annexe « Expressions utiles » en page 51.

Pour vous aider, consultez les liens suivants :

« Pourquoi Paris a-t-elle perdu 120 000 habitants en dix ans ? », GEO, 07.02.2023
https://www.geo.fr/environnement/pourquoi-paris-a-t-elle-perdu-120-000-habitants-en-dix-ans-213448

« Pourquoi les Parisiens fuient-ils la capitale ? », Infodujour, 13.01.2023
https://infodujour.fr/societe/64162-pourquoi-les-parisiens-fuient-ils-la-capitale

« Quitter Paris : les raisons de l'exode », France 24, 28.05.2021 (0'00"–6'29")
https://www.youtube.com/watch?v=olBZ7qR5Xl4

## Médiation

7. **Dans le cadre d'un cours d'histoire-géographie, votre correspondant/e français/e doit préparer un exposé sur l'organisation du territoire d'un pays européen. Il/Elle a choisi de présenter la situation allemande et vous demande de l'aider. Après quelques recherches, vous avez trouvé l'article ci-dessous. Rédigez un courriel dans lequel vous lui présentez l'organisation du territoire allemand. Vous évoquez également le rapport des Allemands à leur territoire (à Berlin, aux métropoles, à la campagne…).**

« YouGov-Umfrage: Berlin ist nicht die Lieblingsmetropole der Deutschen – aber als Hauptstadt okay », Tagesspiegel, 03.01.2023
https://www.tagesspiegel.de/berlin/yougov-umfrage-berlin-ist-nicht-die-lieblingsmetropole-der-deutschen-aber-als-hauptstadt-okay-9118441.html

Conseil : Après avoir copié ou imprimé l'article, prenez deux couleurs et surlignez d'une part les éléments se rapportant à **l'organisation du territoire allemand** et d'autre part ceux se rapportant au **rapport des Allemands à leur territoire**.

## Pour aller plus loin

8. **Regardez la vidéo suivante sur l'histoire du métro de Paris et associez chaque date à l'événement correspondant.**

« L'histoire du métro de Paris – De la première ligne à nos jours », Intellego, 26.02.2023
https://www.youtube.com/watch?v=d8XPjmDWdfc

**1845 • 1895 • 1898 • 1900 • 1903 • 1910 • 1934 • 1948 • 1969 • 1977 • 1998 • 2010**

______________ Annonce du projet du Grand Paris express

______________ Création de la RATP, la Régie autonome des transports parisiens

______________ Inauguration de la ligne 1

______________ Inauguration de la ligne 14, entièrement automatisée

______________ Inauguration du RER, le réseau express régional

______________ Inondation d'une partie des tunnels du réseau métropolitain

______________ Lancement du chantier du métro

______________ Lancement d'un métro express régional connectant la Région Île-de-France à Paris

______________ Mort de 84 personnes à la suite d'un incendie dans le métro

______________ Naissance de l'idée d'un « chemin de fer urbain », le futur métro

______________ Présentation d'un projet de chemin de fer métropolitain souterrain et électrique par l'ingénieur Fulgence Bienvenüe

______________ Prolongement du métro en banlieue de Paris

 

**9. La RATP, en plus d'opérer le métro parisien, veut rendre la culture accessible à tous. Ainsi trouve-t-on dans les stations du réseau des conseils de sorties culturelles sous la forme d'affiches, mais également des expositions (de photos, de poèmes...). Vous aussi, créez une œuvre pour embellir les couloirs du métro : choisissez le sujet A ou le sujet B puis affichez vos travaux dans la salle de classe.**

A Choisissez une photo (trouvée sur Internet ou que vous avez prise vous-même) que vous aimeriez voir agrandie dans un couloir du métro. Décrivez-la et expliquez pourquoi cette photo mériterait d'être vue par les usagers du réseau.

| IMAGE : *Pixabay*

B Écrivez un acrostiche ou un hendécamot (Elfchen) que vous aimeriez voir affiché dans un couloir du métro afin qu'il soit lu par les usagers du réseau.

**Exemple d'hendécamot :**

| | | |
|---|---|---|
| Métro | **1 mot :** | le sujet |
| Mobile, accessible | **2 mots :** | des adjectifs décrivant le sujet |
| Réunissant les hommes | **3 mots :** | une activité liée au sujet |
| Me montrant la voie | **4 mots :** | des sentiments en lien avec le sujet |
| Paname | **1 mot :** | le résultat/la conséquence |

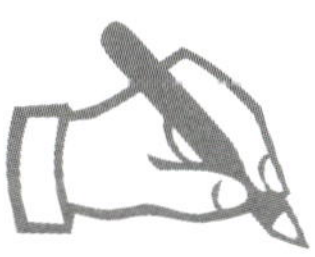

**Exemple d'acrostiche :**

**A** h cette belle ville de Paris !
**C** hérie des amants,
**C** onnue pour son charme
**E** t ses facettes multiples
**S** ouhaite la bienvenue et
**S** alue ceux qui viennent de loin –
**I** mmigrés ou invalides – à
**B** ras ouverts ! Car
**L** a liberté, l'égalité
**E** t la fraternité forment la base du vivre-ensemble

 

# Rencontre avec des citadins solidaires

**Pauvreté, inégalités et mal-logement sont trois grands défis de Paris. Dans la capitale, des initiatives existent pour favoriser la justice sociale et le vivre-ensemble. Partons à la rencontre de citoyens engagés.**

| Photo: *Getty Images/Joël Saget/AFP*

## Première approche

| AFFICHE : *Association Aurore, 2015*

**1. En classe, observez l'affiche ci-dessus. Intéressez-vous…**

**a) … à ce que vous voyez : décrivez le personnage, sa position, le lieu, l'ambiance, la composition de l'affiche, le texte et sa police…**

Voir l'annexe « Expressions utiles » en page 51.

**b) … à son interprétation : expliquez le message de l'affiche en analysant la relation entre la photo et le texte (références, jeux de mots, …).**

**c) … à son impact : jugez de l'efficacité de l'affiche et dites si elle vous semble réussie.**

**2. Regardez de nouveau l'affiche. Le SDF qui y est représenté dort, mais s'il était éveillé, quelles pourraient être ses pensées ? Notez-les dans la bulle ci-dessous.**

## Avant la lecture

| DESSIN : *Mutio – Iconovox, 2023*

3. **Interprétez le dessin humoristique ci-dessus.**

a) **Penchez-vous d'abord sur ce que vous voyez : décrivez la situation, les personnages et leurs actions, le lieu… N'oubliez pas d'introduire votre description.**

Voir l'annexe « Expressions utiles » en page 51.

**le nettoyage des rues** die Straßenreinigung • **la balayeuse** die Kehrmaschine • **déloger** vertreiben • **le sac de couchage/le duvet** der Schlafsack

b) **Intéressez-vous ensuite au texte : lisez-le puis expliquez-le d'abord sans le mettre en rapport avec le dessin.**

c) **Dégagez le message du dessin : mettez en rapport le texte et l'image pour comprendre l'intention du dessinateur et le message qu'il veut faire passer.**

d) **En classe, discutez de vos résultats.**

4. **Faites les exercices suivants seul/e ou à plusieurs.**

a) **Que peut-on faire pour aider les SDF ? De quoi ont-ils besoin ? Notez vos idées.**

b) **Regardez la vidéo suivante et complétez le cas échéant la question précédente.**

« Maraude à Paris avec Utopia 56 », Utopia 56, 24.12.2022

https://www.youtube.com/watch?v=p822yevupmA

c) **Une métropole comme Paris doit faire face à beaucoup de défis dans le domaine de la solidarité et du vivre-ensemble. Énumérez-en quelques-uns.**

**Une femme** *originaire de Côte d'Ivoire se rend avec sa fille chez un hébergeur solidaire, en compagnie d'un volontaire de l'association Utopia 56. Paris, mars 2021.* | Photo : *Getty Images/Joël Saget/AFP*

# Des familles SDF passent la nuit chez des « hébergeurs solidaires » à Paris

1 L'OBSCURITÉ *grignote* le *parvis* de l'Hôtel de Ville de Paris (IVe). L'angoisse de Selma grandit à mesure que les heures passent. Chaque soir, la même question vient la *hanter* : où dormir ? « Parfois, on couche ici », glisse-t-elle. D'un geste, elle pointe un bout de *pavé* parisien. Là où, certaines nuits, ses quatre enfants *se blottissent* sous une tente *de fortune*. Ces soirs-là, Selma ne ferme pas l'œil. « Il faut que je les protège », souffle cette mère célibataire de 35 ans.

2 19 heures s'affichent sur l'horloge de l'Hôtel de Ville. Une centaine d'adultes et d'enfants affluent sur la place. Un plat chaud, des couches, du lait en poudre… Comme chaque soir, l'association Utopia 56 distribue des *denrées de première nécessité* à ces familles. En parallèle, chacune s'inscrit afin d'espérer avoir un toit pour la nuit.

3 Depuis 2017, cette association « qui vient en aide aux exilés et à toute personne en situation de précarité » a lancé un dispositif d'hébergement solidaire à Paris. Le principe ? Mettre en lien des *particuliers* qui ont un matelas ou un bout de canapé à proposer et des familles ou des femmes seules qui sont à la rue.

4 En Île-de-France, 400 hébergeurs solidaires accueillent régulièrement ces naufragés de la nuit. « Mais il nous en faudrait au moins 1 000 d'ici à la fin de l'année pour pouvoir répondre à la demande », comptabilise Nikolaï Posner, chargé de communication chez Utopia 56. (…)

5 Chaque soir, ils sont plusieurs dizaines à se retrouver sans hébergeur. Utopia 56 tente de les orienter vers d'autres dispositifs. Et distribue « en dernier *recours* » des tentes et des couvertures. « On est obligés de prioriser les femmes enceintes, les bébés, les gens à la santé fragile… », prévient Clara, la coordinatrice de l'antenne parisienne. (…)

6 Selma tente tous les jours sa chance auprès du *Samu social* de Paris. Mais, depuis son arrivée dans la capitale il y a quatre mois, cette *Ivoirienne* n'a jamais eu d'hébergement d'urgence *par ce biais*. « Alors on vient ici chaque jour à 17 heures », rappelle-t-elle, en enfonçant ses poings dans son anorak. Autour d'elle, Zara, 3 ans, Alassane et Lahoucine, ses jumeaux de 7 ans, et Adia, 10 ans, *se chamaillent* gentiment. Avec l'insouciance joyeuse des gamins qui sortent de l'école. Tous sont scolarisés dans le XVIIIe arrondissement.

7 La famille a quitté la Côte d'Ivoire un an et demi plus tôt. (…) « J'ai dû partir seule », confie-t-elle, en baissant la tête. « C'était compliqué. Je voulais aussi protéger mes filles de l'*excision*. » Depuis, Selma – qui a récemment vu sa demande d'asile refusée une première fois – vit avec la crainte permanente qu'on lui « arrache ses enfants des mains ». Chaque heure de *répit* chez un hébergeur solidaire devient une victoire gagnée sur la rue et sa violence. La trentenaire le répète, un léger sourire sur les lèvres : « Ce que font ces gens me va droit au cœur, ça me soulage. »

1–5 **grignoter** knabbern, h. (fig.): einnehmen, erobern – **parvis** (m.) Vorplatz – **hanter** (fig.) umtreiben – **pavé** (m.) Pflaster – **se blottir** s. zusammenkauern – **de fortune** notdürftig – **denrée** (f.) **de première nécessité** Grundnahrungsmittel, h. auch: Produkt des täglichen Bedarfs – **particulier** (m.) Privatperson – **recours** (m.) Ausweg, Möglichkeit

6–7 **le Samu social** Zusammenschluss von Nichtregierungsorganisationen, die sich der Unterstützung schutzbedürftiger Menschen widmen – **Ivoirienne** (f.) Ivorerin, Einwohnerin der Elfenbeinküste – **par ce biais** auf diesem Weg – **se chamailler** (fam.) s. zanken – **excision** (f.) Beschneidung – **répit** (m.) Atempause, Ruhe

**Des migrants** *occupent la place de l'Hôtel de Ville de Paris, le 1er septembre 2020, lors d'une opération organisée par l'association Utopia 56 pour exiger leur prise en charge.* | Photo : *Getty Images/Thomas Coex/AFP*

8 Ce mardi soir-là, Selma, Zara, Alassane, Lahoucine et Adia vont pouvoir dormir au chaud. Une famille de Bagnolet (Seine-Saint-Denis) leur ouvre les portes de sa maison. (…) Le sourire de Verena von Derschau les attend derrière la porte. Cette journaliste, son mari et ses trois enfants accueillent « des invités », comme ils les appellent, depuis quatre ans. « On essaie de les recevoir comme on recevrait nos amis », assure la mère de famille. Une à deux fois par semaine, l'un de leur fils laisse sa chambre, la plus grande des trois avec des lits superposés, pour aller dormir dans celle de son frère ou de sa sœur. Verena y ajoute des matelas, des draps et des serviettes.

9 En 2018, l'idée de devenir hébergeur solidaire est née d'un reportage diffusé sur France 2. « J'avais envie de m'engager plus qu'en faisant des dons à des associations », retrace Verena, installée dans le salon cuisine de sa maison. « Ça ne me semblait pas suffisant face à l'urgence de la situation des migrants en France. »

10 Mais elle insiste : ce projet devait être avant tout familial. « Il fallait que nos enfants soient d'accord », poursuit l'hôte. « On laisse quand même rentrer de parfaits inconnus chez nous. » Victoria, sa fille, se souvient de ses premières *appréhensions*. « Au début, je prenais tous mes produits de la salle de bains pour les mettre dans ma chambre, assume la collégienne de 12 ans. J'avais peur du vol. Mais ça n'est jamais arrivé. » (…)

11 Marius, 17 ans, s'est demandé si ce « n'était pas un peu dangereux ». « Mais on s'est vite rendu compte qu'on accueillait des gens qui avaient surtout besoin de dormir, enchérit l'*aîné de la fratrie*. Et c'est une ouverture sur le monde incroyable. Ça nous apporte tellement de discuter avec des gens qui viennent du Tibet, d'Afghanistan ou d'Éthiopie… » (…)

*Pauline Darvey*
*1-11-2022* © *leparisien.fr*

8–11 **appréhension** (f.) Befürchtung, Angst – **aîné** (m.) **de la fratrie** ältestes Geschwisterkind
Légende **prise** (f.) **en charge** Betreuung

## Pendant la lecture

5. Mettez-vous par groupe de trois. Vous allez faire chacun/e le portrait d'un des acteurs principaux de l'article en pages 21-22 : une personne se concentre sur l'association Utopia 56, une autre sur Selma et sa famille et une autre sur Verena et sa famille. Pour cela, lisez l'article et prenez des notes. Ensuite, présentez-vous vos résultats.

6. Relisez l'article pour en dégager les éléments suivants. Citez le texte.

| L'état d'esprit de Selma avant d'être accueillie par Verena et sa famille | L'état d'esprit de Selma après son accueil par Verena et sa famille |
|---|---|
| • ______________________ | • ______________________ |
| ______________________ | ______________________ |
| • ______________________ | • ______________________ |
| ______________________ | ______________________ |
| • ______________________ | • ______________________ |
| ______________________ | ______________________ |

| L'état d'esprit de Verena et sa famille avant de devenir hébergeur solidaire | L'état d'esprit de Verena et sa famille après leur expérience d'hébergeur solidaire |
|---|---|
| • ______________________ | • ______________________ |
| ______________________ | ______________________ |
| • ______________________ | • ______________________ |
| ______________________ | ______________________ |

7. Et vous ? Accueilleriez-vous une famille à la rue dans votre maison ou appartement pour une ou plusieurs nuits ? Pourquoi ? Justifiez votre réponse.

## Après la lecture

**8. Lisez les expressions suivantes et expliquez-les dans le contexte de l'article. Laquelle est une comparaison, laquelle une métaphore et laquelle une métonymie (remplacement d'un mot par un autre qui lui est étroitement relié) ?**

**a)** « avoir un toit pour la nuit » (§2)

______________________________________________

______________________________________________

**b)** « [accueillir] ces naufragés de la nuit » (§4)

______________________________________________

______________________________________________

**c)** « On essaie de les recevoir comme on recevrait nos amis. » (§8)

______________________________________________

______________________________________________

9. « J'ai dû partir seule », confie-t-elle, <u>en baissant</u> la tête. (§7)
**Complétez les phrases suivantes en utilisant le gérondif.**

**a)** ____________________ *(faire)* leurs maraudes*, les travailleurs sociaux découvrent la détresse des SDF.

**b)** Selma attend devant l'Hôtel de Ville ____________________ *(espérer)* y trouver un logement pour la nuit.

**c)** Selma et sa famille se rendent chez leur hébergeur solidaire ____________________ *(prendre)* le métro.

**d)** ____________________ *(considérer)* les SDF comme « des invités », les hébergeurs solidaires leur témoignent du respect.

**e)** On pourrait réduire la misère ____________________ *(héberger)* les familles SDF.

* **maraude** (f.) Streetworkereinsatz

# Pour aller plus loin

## Mixité sociale et scolaire

**10. Regardez la vidéo suivante.**

« Au collège Berlioz à Paris, un pari de mixité sociale et scolaire réussi », Libération, 31.12.2022 https://www.youtube.com/watch?v=Zc4CL36dPZA

**a)** Quelle initiative est présentée dans cette vidéo ?

______________________________________________

______________________________________________

**b)** Dans le tableau suivant, indiquez la situation du collège Berlioz avant 2015 et sa situation à la suite des changements entrepris à partir de 2015.

| Le collège Berlioz avant 2015 | Le collège Berlioz après 2015 |
| --- | --- |
| • | • |
| • | • |
| • | • |
| • | • |

**11. Regardez sans le son la bande-annonce du film « La Cour des miracles » (2022) de Carine May et Hakim Zouhani.**

« La Cour des miracles – Bande annonce », Haut et Court, 09.08.2022
https://www.youtube.com/watch?v=4bpybj7FaWw

**a) À votre avis, quel personnage du film prononce les phrases suivantes ?**

| la directrice de l'école • l'institutrice Marion • un parent d'élève |
|---|

- « Les enfants, je vous présente votre nouvelle maîtresse. Elle s'appelle Marion. »

  ______________________________

- « J'ai pas d'enseignants, je galère tous les jours… »

  ______________________________

- « Je vais écrire mon prénom au tableau… »

  ______________________________

- « Moi je veux que ma fille aille en face dans la nouvelle école avec la France d'en haut. »

  ______________________________

- « Tous nos meilleurs élèves veulent filer à la résidence Harmonie, avec les Parisiens. On peut pas laisser faire ! »

  ______________________________

**b) Relisez ces phrases : à quelles difficultés est confrontée l'école primaire Jacques Prévert ?**

**c) Regardez maintenant la bande-annonce avec le son. D'après ce que vous avez vu et entendu, quelle solution est trouvée à ces problèmes ?**

**d) La bande-annonce vous donne-t-elle envie de voir ce film ? Pourquoi ? Justifiez votre réponse.**

| PHOTO: *Getty Images/Frédéric Soltan/Corbis*

# Promenades dans Paname

**La Ville Lumière regorge de monuments et musées prestigieux, qui font parfois oublier ses nombreux parcs et jardins. Explorons ces oasis de calme et de verdure, et découvrons une autre facette du Paris touristique.**

## Première approche

1. **Voici une liste de parcs et jardins connus de Paris. Associez-les à la photo correspondante. Faites des recherches sur Internet au besoin.**

le bois de Boulogne • le bois de Vincennes • le jardin du Luxembourg • le jardin des Plantes • le jardin des Tuileries • le parc des Buttes-Chaumont

| PHOTO : *Getty Images/Vladislav Zolotov*

___________

| PHOTO : *Getty Images/Crispin la valiente*

___________

| PHOTO : *Getty Images/Franck Chazot/Gamma-Rapho*

___________

| PHOTO : *Getty Images/Thomas Samson/AFP*

___________

| PHOTO : *Getty Images/Nikada*

___________

| PHOTO : *Getty Images/Éric Bascol*

___________

2. **En vous aidant de vos recherches, indiquez maintenant sur la carte où ces parcs et jardins se situent dans Paris.**

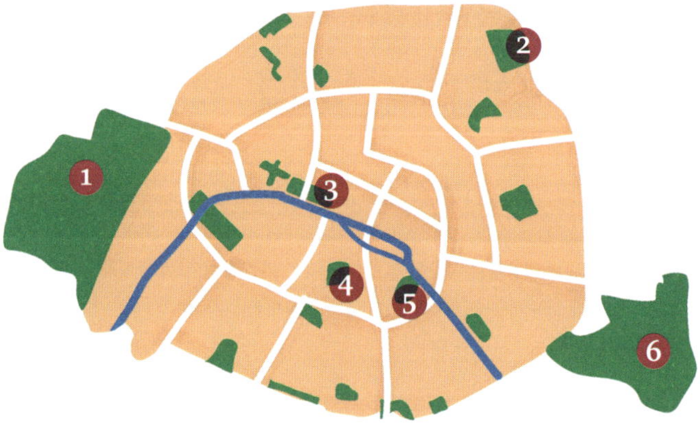

| CARTE : *Getty Images/Anastasiia Krasavina*

A ________ • B ________ • C ________ • D ________ • E ________ • F ________

## Avant la lecture

3. **Qu'aimeriez-vous faire à Paris si vous aviez l'occasion d'y passer un long week-end avec un copain ou une copine ? Faites des recherches sur Internet pour concevoir un programme de visites pour deux personnes. Dans le tableau ci-dessous, indiquez également comment vous vous rendriez sur les lieux (à pied, en Vélib', en métro…) et les endroits où vous voudriez manger. Vous logeriez dans une auberge de jeunesse du quartier du Marais.**

Voici un lien pour vous aider dans vos recherches :

« Que faire à Paris : les 10 sites incontournables à visiter », Visit Paris Region

https://www.visitparisregion.com/fr/parcours/parcours-tops/que-faire-a-paris-sites-incontournables

| | | Visites / Activités | Comment y aller ? | Où manger ? |
|---|---|---|---|---|
| Vendredi | matin / midi | | | |
| | après-midi / soir | | | |
| Samedi | matin / midi | | | |
| | après-midi / soir | | | |
| Dimanche | matin / midi | | | |
| | après-midi / soir | | | |

4. **Écoutez la chanson « Le jardin du Luxembourg » de Joe Dassin du début à 3'32" puis répondez aux questions.**

« Le jardin du Luxembourg (version longue) », Joe Dassin, 1976

https://www.youtube.com/watch?v=HLxv86f9dKo

**a)** D'après cette chanson, quelles personnes trouve-t-on au jardin du Luxembourg et qu'y font-elles ?

**b)** À quel moment de sa vie le chanteur associe-t-il le jardin du Luxembourg ?

**c)** Quel est l'état d'esprit du chanteur ?

# Pourquoi le jardin du Luxembourg, « plus beau parc d'Europe », séduit les touristes du monde entier

1 QUEL EST le plus beau jardin d'Europe ? Selon le *palmarès* du site anglophone HouseFresh publié en avril [2022], il s'agit bel et bien du parc du Luxembourg, à Paris (VIe) ! D'après ce classement, réalisé à partir de l'agrégation de plusieurs milliers d'avis de touristes laissés sur le site TripAdvisor, le plus beau jardin du monde est le Gardens by the Bay, à Singapour, suivi du jardin Majorelle à Marrakech (Maroc) puis du célèbre parc de Saint-Germain-des-Prés. Troisième au niveau mondial, la promenade créée par Marie de Médicis en 1612 arrive donc en tête des espaces verts européens.

2 Il suffit d'y jeter un œil pour se l'expliquer. « L'ensemble architectural et paysager de ce site exceptionnel représente une certaine idée de la France et de Paris », observe Gisèle Croq, ingénieure *horticole* responsable de la conservation du jardin du Luxembourg*. (…) Cette idée du savoir-vivre à la française y est si prégnante que « beaucoup de touristes étrangers arrivent avec la baguette de pain, du fromage et le litron de rouge, voire la bouteille de champagne, parce que c'est l'idée qu'ils se font du repas typique des Français », s'amuse l'ingénieure horticole, âgée de 58 ans. « C'est tout juste s'ils n'ont pas acheté le *béret* ! »

3 Propriété du Sénat, qui lui *alloue* un budget annuel de fonctionnement de 2 millions d'euros – auxquels il faut ajouter 1 million d'euros *affecté* chaque année à la restauration du patrimoine –, le Luco, comme l'appellent les habitués (de Lucotitius, nom latin de ce *faubourg* de Lutèce), accueille bon an, mal an… 4 millions de visiteurs. « L'été, nous comptabilisons 150 000 personnes par semaine », indique la conservatrice, qui déconseille les visites le week-end où « il peut y avoir 50 000 promeneurs en même temps ! »

4 Si les touristes étrangers ou français sont nombreux à se balader au Luxembourg après la visite du Panthéon, le parc *est* aussi très *prisé des riverains*. « C'est un lieu de sociabilité des habitants des Ve et VIe. Tous les jours, certains y font leur taï-chi ou jouent à la pétanque. Nous avons aussi beaucoup d'étudiants, de lycéens et des actifs qui viennent manger ou faire du sport entre midi et deux », remarque Gisèle Croq, qui considère le jardin comme « le meilleur des antidépresseurs ». D'autres encore profitent des six courts de tennis inaugurés en 1939 et gérés par la Fédération française de tennis, parmi les plus vieux courts de la capitale.

5 Au cœur d'un arrondissement où les prix de l'immobilier atteignent des sommets (14 060 euros le mètre carré, selon la chambre des notaires), la conservatrice en convient : « Nous voyons assez peu de jeunes de banlieue. S'il y a une mixité générationnelle car nous accueillons des gens de tout âge, il n'y a pas vraiment de mixité sociale. » (…)

6 Contrairement à ses rivales entretenues par la Ville de Paris, la vieille dame quatre fois centenaire (…) ne permet pas aux visiteurs de s'allonger, de pique-niquer ou de s'asseoir sur ses *plates-bandes* ! « Seules les trois *pelouses* de l'Observatoire sont accessibles », rappelle Gisèle Croq. « C'est une question de politique. Le Luxembourg est un jardin, pas un espace vert. Piétiner l'herbe, les fleurs est très *nocif* pour les végétaux. C'est pourquoi 4500 chaises sont à la disposition des visiteurs qui peuvent s'installer où ils veulent dans les allées. » (…)

**Le jardin du Luxembourg,** *parc emblématique de Paris, attire chaque année plusieurs millions de visiteurs.* | PHOTO : *Getty Images/Frédéric Soltan/Corbis*

7 Planté de 35 000 arbustes et 3 000 arbres (dont 470 tilleuls et 128 érables), le Luxembourg est « l'un des parcs les plus *boisés* de la capitale », rappelle le jardinier en chef du château de Versailles (Yvelines), Alain Baraton, dans son livre « Mes jardins de Paris ».** Ces arbres, dont la plupart datent du XIXe siècle, « nous les surveillons comme le lait sur le feu », assure Gisèle Croq, à la tête d'une équipe de 39 jardiniers. (…)

8 Victimes du *chancre* bactérien qui les décime depuis une dizaine d'années en région parisienne et de brûlures sur le tronc *dues au* réchauffement climatique, 800 des 1500 marronniers du Luxembourg ont déjà été abattus. « Comme on plante pour 100 à 150 ans, nous les remplaçons par de nouvelles *essences*, plus résistantes aux gros coups de chaud, aptes à supporter des sécheresses intenses et économes en eau », détaille Gisèle Croq. « Et ce en respectant le paysage du jardin, où les désherbants chimiques *sont proscrits* depuis une vingtaine d'années. » (…)

*Philippe Baverel*
*12-8-2022 © leparisien.fr*

* *et coautrice du livre « La Collection fruitière du jardin du Luxembourg » (Éd. Naturalia publications, 2016, 232 pages)*
** *Éd. Grasset, 2020, 364 pages*

**0–5 SÉDUIRE** begeistern – **palmarès** (m.) Ranking, Rangliste – **horticole** Gartenbau- – **béret** (m.) Baskenmütze – **allouer** zuweisen – **affecter** zuweisen – **faubourg** (m.) Vorort – **être prisé de qn** bei jdm. beliebt sein – **riverain** (m.) Anwohner **6–8 plate-bande** (f.) Beet – **pelouse** (f.) Rasenfläche – **nocif/-ive** schädlich – **boisé** bewaldet – **chancre** (m.) Schlauchpilz – **dû/due à** bedingt, verursacht durch – **essence** (f.) h.: Baumart – **proscrire** verbieten

## Pendant la lecture

5. **Survolez l'article en page 30 : à quel paragraphe se réfère chacun des pictogrammes suivants ?**

| IMAGES : *Getty Images/appleuzr* *Getty Images/Maksim Ankuda* *Getty Images/Theerakit* *Getty Images/bubaone*

A § ________ B § ________ C § ________ D § ________

**À vous : représentez les paragraphes restants à l'aide d'un pictogramme.**

6. **Relisez l'article et notez l'idée centrale de chaque paragraphe dans le schéma suivant.**

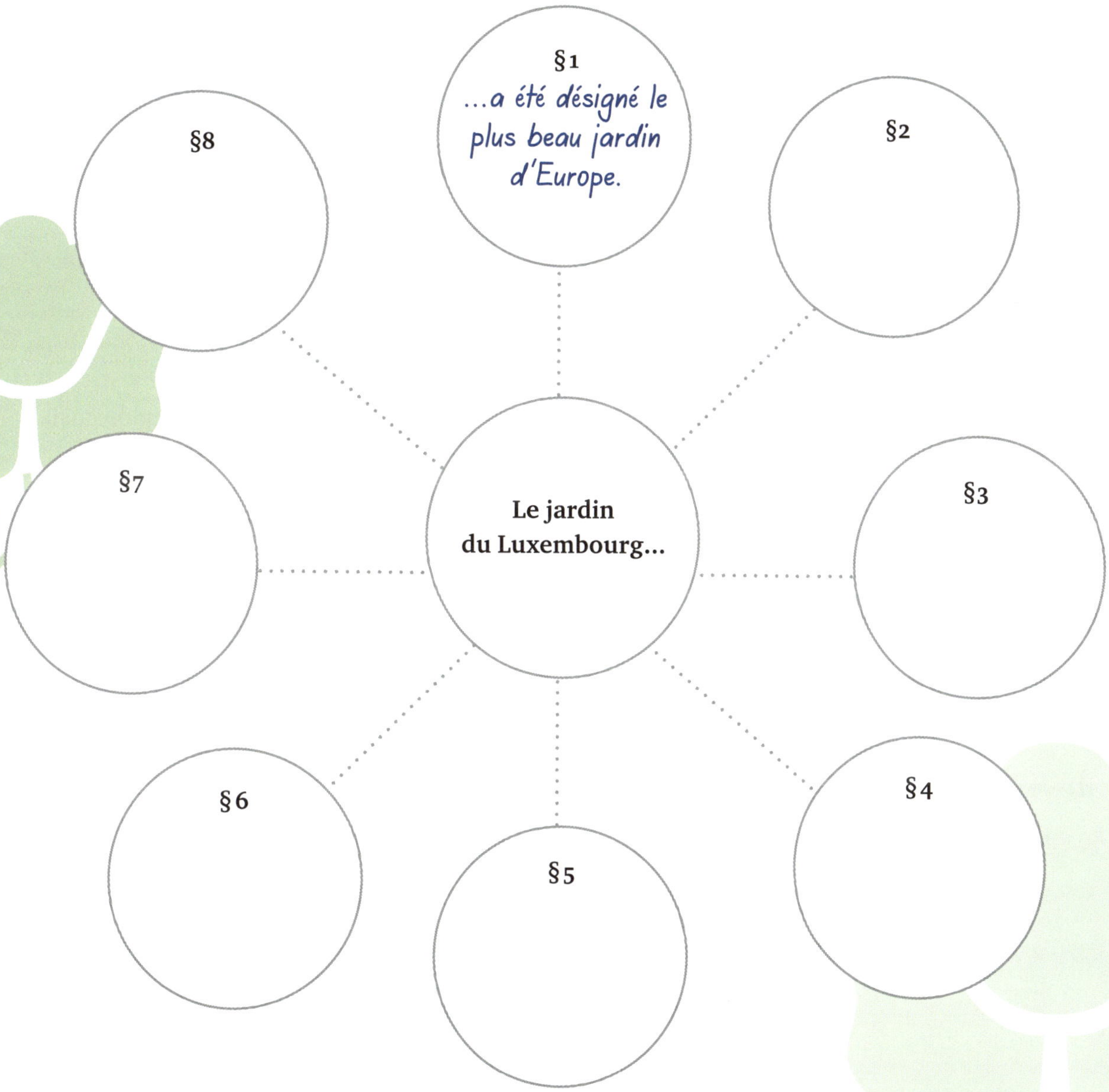

7. **Résumez l'article sous la forme d'un monologue minute en vous aidant des pictogrammes de l'exercice 5, mais sans regarder vos réponses à l'exercice 6.**

   Voir l'annexe « Expressions utiles » en page 51.

## Après la lecture

8. **Résumez dans un paragraphe structuré les raisons pour lesquelles le jardin du Luxembourg « séduit les touristes du monde entier ».**

9. **Mettez-vous par groupe de deux. L'un/e joue le rôle d'un/e Parisien/ne du VI$^{e}$ arrondissement, riverain/e du jardin du Luxembourg, l'autre le rôle d'un/e jeune de banlieue qui n'y est allé/e qu'une seule fois. Vous discutez du rôle du jardin du Luxembourg et de votre relation à ce lieu. Basez-vous pour cela sur les connaissances acquises dans cette unité.**

10. **Voici quelques opinions sur le « plus beau parc d'Europe ». Complétez les phrases en conjuguant les verbes entre parenthèses au présent de l'indicatif ou du subjonctif.**

**a)** Bien que ce ____________________ *(être)* devenu difficile de trouver une chaise libre au jardin du Luxembourg, j'y vais tous les jours depuis que je ____________________ *(être)* à la retraite.

**b)** Il est vraiment dommage que ce beau parc ____________________ *(être)* fréquenté principalement par des touristes et des Parisiens des V$^{e}$ et VI$^{e}$ arrondissements. Je déplore qu'il n'y ____________________ *(avoir)* pas plus de mixité sociale.

**c)** Pour moi, il ne fait aucun doute que le jardin du Luxembourg ____________________ *(avoir)* la plus belle végétation de Paris ! Dès que je ____________________ *(pouvoir)*, je vais admirer ses arbres imposants.

**d)** Je n'aime pas qu'on ne ____________________ *(pouvoir)* pas s'allonger sur l'herbe au jardin du Luxembourg. Je pense que les jardins ____________________ *(être)* là pour permettre aux gens de se détendre et d'y faire des pique-niques.

 

## Pour aller plus loin

11. **Par groupe de trois, vous allez vous renseigner sur le Paris souterrain. Chaque élève choisit un lieu : les catacombes, les stations fantômes ou les égouts. Après quelques recherches, chacun/e présente son « lieu du Paris souterrain ».**

Voici quelques liens pour vous aider dans vos recherches :

### Les catacombes

« Visite au cœur des Catacombes de Paris », Inrap, 19.06.2021

https://www.youtube.com/watch?v=Oxi3vH6gUNM

« Visite dans les mystérieuses catacombes de Paris », Radio-Canada Info, 10.01.2018

https://www.youtube.com/watch?v=Dy_CAxVeF40

### Les stations fantômes

« Les stations fantômes – Karambolage – ARTE », Karambolage en français, 30.01.2023

https://www.youtube.com/watch?v=awOjtawo404

« “Haxo”, la station de métro abandonnée depuis 100 ans », Le Parisien, 06.10.2021

https://www.youtube.com/watch?v=OUJdOzuuNyY

### Les égouts

« Marine teste pour vous : au cœur des égouts de Paris », Météo à la carte, 10.01.2014

https://www.youtube.com/watch?v=s-YpoerOrBo

« Visitez les égouts de Paris | Que faire à Paris ? », Ville de Paris, 18.03.2014

https://www.youtube.com/watch?v=FjlSdKCIDrY

12. **Dans le roman «Le fils de l'Ursari» (2016) de Xavier-Laurent Petit, le jeune Rom Ciprian, exilé à Paris avec sa famille, découvre un jour le jardin du Luxembourg. Ciprian décrit ce lieu comme un « immense jardin avec des arbres, des fontaines, des statues de femmes nues, des pigeons qui font caca dessus et des enfants habillés comme des publicités... » Il conclut cette description en déclarant : « Je n'avais jamais rien vu d'aussi beau.» (p. 69)**

*« Le fils de l'Ursari », Xavier-Laurent Petit, L'École des loisirs, 2016, 272 pages.*

**À vous : racontez votre découverte d'un lieu ou monument de Paris, ou bien décrivez un lieu ou monument de Paris que vous aimeriez visiter parce qu'il vous attire, vous fascine... N'hésitez pas à utiliser des expressions hyperboliques et des superlatifs.**

| PHOTO : *Getty Images/Dominique Faget/AFP*

# Une métropole face au défi climatique

**Dans quelques décennies, Paris pourrait être confrontée à des températures allant jusqu'à 50°C. Comment se prépare-t-elle aux canicules à venir ? Parcourons une capitale qui doit s'adapter au changement climatique.**

## Première approche

**La fontaine** *du Trocadéro à Paris, le 1er juillet 2015.* | PHOTO : *Getty Images/Chesnot*

1. **Décrivez et commentez la photo ci-dessus. Que vous inspire-t-elle ? Aimeriez-vous être à la place des personnes que l'on voit sur la photo ? Justifiez votre réponse.**

   Voir l'annexe « Expressions utiles » en page 51.

2. **Travaillez en deux groupes sur la vidéo suivante. Chaque groupe présente ensuite ses résultats.**

   « Canicules : nos villes sont-elles condamnées à devenir des fours ? », Le Monde, 22.08.2021 https://www.youtube.com/watch?v=lg8hsNjTlUo

- **Le groupe A** regarde la vidéo du début à 2'00" et prend des notes sur **les événements d'août 2003.**
- **Le groupe B** regarde la vidéo de 2'00" à 4'36" et prend des notes sur **les raisons pour lesquelles les températures sont très élevées en ville l'été**.

## Avant la lecture

**3. Lors de la lecture d'un texte, il est courant de tomber sur des mots difficiles ou inconnus. Pour deviner leur sens, demandez-vous si vous connaissez :**

- un mot de la même famille (a)
- un mot similaire dans une langue étrangère (b)
- un mot similaire dans votre langue maternelle (c)

**Les mots suivants sont issus de l'article que vous allez lire. Complétez le tableau comme dans les exemples.**

| mot difficile ou inconnu | mot proche (indice a, b ou c) | sens probable |
|---|---|---|
| l'habitabilité (f.) | habiter (a) | die Bewohnbarkeit |
| la vulnérabilité | vulnérable (a), vulnerable (b) | die Verletzbarkeit |
| un îlot | | |
| s'additionner | | |
| un isolant | | |
| biosourcé | | |
| le bâti | | |
| imperméable | | |
| empirer | | |
| une ombrière | | |
| la débitumisation | | |
| végétaliser | | |

# Comment Paris se prépare à vivre sous 50°C

**Paris connaît** *des températures toujours plus élevées lors de canicules de plus en plus fréquentes.*
| PHOTO : *Getty Images/Dominique Faget/AFP*

1 PARIS CUIT. Sous les toits de zinc ou le long des grandes artères bitumées, les habitants subissent de nouveau *de plein fouet* la canicule qui frappe la France depuis le début de la semaine. Si la capitale a depuis longtemps entrepris de s'adapter aux effets du dérèglement climatique – son premier plan climat date de 2007 –, elle n'en demeure pas moins insuffisamment préparée. Pour parer au pire, le Conseil de Paris a voté *à l'unanimité*, le 5 juillet [2022], la création d'une mission d'information et d'évaluation intitulée « Paris à 50°C », la première jamais organisée sur le climat.

2 « Ce n'est ni une prophétie, ni une intuition, ni une hypothèse. Nous sommes dans un nouveau régime climatique dans lequel certains souffrent déjà, et qui va encore se dégrader », prévient Alexandre Florentin, élu écologiste et président de cette mission qui sera lancée en septembre. (…)

3 « La question de l'habitabilité se pose *à moyen terme* à Paris si l'on ne fait rien », soutient M. Florentin, directeur de la Carbone 4 Académie, qui forme des entreprises au dérèglement climatique. Jugeant que la ville n'est « pas prête », il appelle à apporter une « réponse systémique » à tous les points de vulnérabilité : « Les écoliers qui souffrent dans les classes en juin, les *gaines* des réseaux électriques qui *fondent*, les rails des RER ou des trams qui se déforment ou encore les climatisations des hôpitaux qui peuvent s'arrêter au-delà de 42°C. »

4 (…) « La multiplication des vagues de chaleur est le principal défi climatique à Paris », assure Dan Lert, adjoint chargé de la transition écologique et du plan climat. Selon une étude publiée en septembre 2021, la température s'y est déjà élevée de 2,3°C depuis l'ère préindustrielle, davantage que la moyenne française (1,7°C). (…) Les canicules seront plus fréquentes, plus intenses, plus longues. Paris pourrait enregistrer vingt-deux jours avec des températures supérieures à 30°C en 2050, trente-quatre en 2085, et subir *respectivement trois et six fois* plus de nuits tropicales (plus de 20°C) d'ici là, comparé à 2010. « Les étés comme 2003 seront la norme et on n'exclut plus des pics à 50°C dans les prochaines décennies », confirme le climatologue Robert Vautard, directeur de l'Institut Pierre-Simon Laplace. (…)

5 Si Paris est particulièrement vulnérable, c'est en raison du phénomène d'îlot de chaleur urbain. Les rues imperméables et de couleur foncée, le bâti particulièrement *dense emmagasinent* la chaleur. Les activités humaines (circulation, climatisation…) empirent le phénomène, entraînant des *écarts* de température de 10°C entre les quartiers centraux et la périphérie.

6 Il y a donc urgence à accélérer l'adaptation de la ville, un *enjeu* de confort mais aussi de santé, « surtout pour les quartiers populaires, les plus vulnérables », précise Dan Lert. La mairie a entrepris de planter 170 000 arbres, formidables climatiseurs naturels, d'ici à 2026 ; elle compte installer 100 nouvelles *fontaines* à boire et *brumisantes* d'ici à 2024 ainsi qu'une dizaine d'ombrières par an et par arrondissement. Un programme de débitumisation a été lancé pour permettre une meilleure absorption des eaux de pluie, ce qui permet de rafraîchir l'air et de limiter les inondations, autre risque climatique majeur dans la capitale.

7 Autre *chantier* aussi titanesque que *crucial* : la rénovation du bâti (…). Le mouvement est lancé pour les logements sociaux (5 000 par an) et les équipements publics, avec le mot d'ordre de ne poser que des isolants biosourcés (fibre de bois, laine de chanvre, etc.) dans les nouveaux chantiers. (…)

8 Dans cette ville qui vise la neutralité carbone en 2050, « il y a une vraie prise de conscience politique » sur le sujet, juge Franck Lirzin, ex-directeur immobilier chez Gecina*. « Mais il y a des difficultés à décliner les plans concrètement. Reconnaissons que ça n'est techniquement pas simple, surtout si on veut maintenir l'esthétique de Paris. Mais maintenir une ville belle où plus personne ne vit l'été est un contresens », relève le polytechnicien, ancien conseiller d'Emmanuel Macron à Bercy. Selon lui, il faut entrer dans une « culture climatique », réfléchir, par exemple, à comment végétaliser les toits en zinc, épaissir les façades des immeubles… (…)

9 L'adaptation implique aussi de penser plus large, à l'échelle du Grand Paris. Les territoires les plus exposés, davantage encore que les quartiers intra-muros, sont en *petite couronne*, et *notamment* en Seine-Saint-Denis. Là où les inégalités climatiques s'additionnent aux inégalités sociales. « Il y a un sujet de solidarité à penser, qui n'est pas pris en compte », insiste Franck Lirzin. « Ces communes doivent investir mais n'ont pas les moyens. La métropole a un vrai rôle à jouer. » Car, in fine, le coût de l'inaction sera bien supérieur à celui de l'action.

*Emeline Cazi et Audrey Garric*
*16-7-2022 © Le Monde*

* *et auteur de l'essai « Paris face au changement climatique » (Éd. L'Aube, 2022, 184 pages)*

1–5 **DE PLEIN FOUET** mit voller Wucht – **à l'unanimité** einstimmig – **à moyen terme** mittelfristig – **gaine** (f.) Ummantelung, Kabelmantel – **fondre** schmelzen – **respectivement trois et six fois** drei beziehungsweise sechs Mal – **dense** dicht – **emmagasiner** speichern – **écart** (m.) Unterschied
6–9 **enjeu** (m.) Frage – **fontaine** (f.) **brumisante** Sprühnebelanlage – **chantier** (m.) Baustelle – **crucial** wesentlich – **petite couronne** (f.) die nähere Umgebung von Paris, d.h. die an Paris angrenzenden Departements Hauts-de-Seine, Val-de-Marne und Seine-Saint-Denis – **notamment** insbesondere

## Pendant la lecture

**4. Lisez d'abord les titres suivants, puis l'article en page 37. Indiquez derrière chaque titre le paragraphe qui lui correspond. Attention, il y a deux titres en trop !**

A L'exode des Parisiens vers la province : § ________

B La création d'une mission pour préparer Paris aux canicules : § ________

C La vulnérabilité des grandes villes face aux canicules : § ________

D L'importance de développer une culture climatique : § ________

E Le coût exorbitant des chantiers : § ________

F La certitude du changement climatique : § ________

G Des mesures pour agir contre les canicules : § ________

H L'importance de prendre en compte la périphérie : § ________

I Les impacts des canicules sur la vie quotidienne : § ________

J La nécessaire rénovation des bâtiments : § ________

K Une hausse des températures à venir : § ________

**5. Relisez l'article et résumez dans le schéma suivant la situation actuelle de Paris face au réchauffement climatique, les prévisions pour le futur et les mesures annoncées pour adapter Paris aux canicules. Pour vous aider, soulignez d'abord dans l'article, avec trois couleurs différentes, les éléments correspondant à ces trois aspects.**

| Paris aujourd'hui | les prévisions pour le futur | les mesures annoncées |
| --- | --- | --- |
| | | |

6. **Pour mieux visualiser l'article, représentez chaque réponse de l'exercice 5 par un symbole, un pictogramme, un petit dessin… À l'aide de ces illustrations, présentez le contenu de l'article dans un monologue minute.**

   Voir l'annexe « Expressions utiles » en page 51.

7. **Maintenant que vous connaissez bien le texte, aidez-vous du contexte de l'article pour corriger vos réponses ou finir de compléter le tableau de l'exercice 3.**

8. **Expliquez la signification des expressions suivantes, issues de l'article. Quelles figures de style contiennent-elles ?**

a) Paris *cuit* (§1) : ______________________________

figure de style : ____________________

b) des grandes *artères* bitumées (§1) : ______________________________

______________________________

figure de style : ____________________

c) Ce n'est *ni une prophétie, ni une intuition, ni une hypothèse* (§2) :

______________________________

figure de style : ____________________

d) Autre chantier *aussi titanesque que crucial* (§7) : ______________________________

______________________________

figure de style : ____________________

## Après la lecture

9. a) **Quelles mesures prendre pour que, dans les territoires les plus exposés du Grand Paris, les inégalités climatiques ne s'additionnent pas aux inégalités sociales (voir §9) ? Notez vos idées.**

   b) **Analysez la dernière phrase de l'article : « Car, in fine, le coût de l'inaction sera bien supérieur à celui de l'action. » (§9)**

**10. Enjeux écologiques**

**a) À votre avis, en plus des canicules, à quels autres problèmes écologiques Paris est-elle directement confrontée ? Entourez ou soulignez vos réponses parmi les éléments de la liste suivante.**

les inondations • la déforestation • la désertification • les particules fines • la pollution de l'air • la perte de (la) biodiversité • la fonte des glaces polaires • le gaspillage alimentaire • les émissions de gaz à effet de serre • la sécheresse • les déchets plastiques • l'érosion des côtes • les feux de forêt • la surconsommation

**b) Quelles sont les causes des problèmes de l'exercice précédent ? Formez plusieurs phrases en utilisant des verbes de la liste suivante.**

**conduire à** führen zu • **causer** verursachen • **entraîner** mit sich ziehen
**avoir un impact sur** eine Auswirkung haben auf • **avoir pour conséquence** zur Folge haben
**empirer** verschlimmern • **augmenter** vergrößern, vermehren
**réduire / diminuer** verringern / verkleinern

**c) Voici des exemples de mesures destinées à combattre certains de ces problèmes. Formulez des propositions conditionnelles comme dans l'exemple.**

Exemple : Si tout le monde **prenait** les transports en commun, il y **aurait** moins de particules fines à Paris.

- renoncer à prendre l'avion

___

- arrêter d'acheter des produits à emballage jetable

___

- obliger les magasins à distribuer leurs invendus

___

- encourager les entreprises à produire moins

___

- revégétaliser les villes

___

 

## Pour aller plus loin

**11. Regardez la vidéo suivante sur le « projet Oasis », qui a pour but de réaménager les écoles primaires parisiennes face aux canicules l'été. Notez dans le schéma ci-dessous les informations concernant la situation de l'école avant le réaménagement de la cour, les réaménagements entrepris et leurs effets positifs.**

« "Projet Oasis" : comment les écoles parisiennes luttent contre la canicule », Le Parisien, 17.06.2022 https://www.youtube.com/watch?v=tlG-fT2eRwU

**le réaménagement** die Neu-/Umgestaltung • **pavé** gepflastert • **perméable** wasserdurchlässig • **le goudron** der Asphalt

| l'état de la cour avant son réaménagement → | les réaménagements entrepris → | les effets positifs des réaménagements |
|---|---|---|
| | | |

**12. « L'adaptation implique aussi de penser plus large, à l'échelle du Grand Paris » (§9). Lisez la nouvelle « Ella » de Christophe Léon, dans laquelle Éléonore, alias Ella, une habitante de banlieue, veut améliorer la vie dans sa cité.**

*« Ella », de Christophe Léon, dans « Nouvelles re-vertes », Éditions Thierry Magnier, 2008, 160 pages.*

**a) Énumérez les actions d'Ella pour rendre sa cité plus verte.**

**b) Analysez comment Ella parvient à changer les mentalités des habitants de sa cité.**

## Une capitale qui fait rêver | Page 4

1. a) **Solution individuelle**

b) • l'importance de Paris pour la France
• l'importance historique et politique de Paris en Europe
• le bonheur, la belle vie, la fête
• l'amour
• la littérature, la philosophie, la culture
• la mode
• le 7$^{e}$ art (le cinéma)

c) **Exemples de réponse :** la gastronomie, le tourisme, l'architecture…

2. a) il vit dans une cité en banlieue parisienne (« du haut de ma tour », « après le périph »), la vie y est parfois un peu triste ; il va à l'école, joue au foot avec ses copains à la récréation, doit faire ses devoirs le soir à la maison ; il est rêveur, écrit des poèmes qu'il lit à sa maman

b) devenir chanteur à Paris (« un jour à Paris, je chanterai que j'l'aime »)

c) Paris représente pour le chanteur la possibilité du succès, l'accomplissement de ses rêves, une meilleure vie, l'ascension sociale ; il y associe également une certaine insouciance, la belle vie, la fête, l'amour…

3. a) – b) **Solutions individuelles**

4. **le Grand Palais (8$^{e}$) :** il fut transformé en hôpital militaire pendant la Première Guerre mondiale ; il accueillera les épreuves d'escrime et de taekwondo des Jeux olympiques d'été de 2024

**le Louvre (1$^{er}$) :** il est le deuxième plus grand musée au monde et l'un des plus visités ; il abrite La Joconde de Léonard de Vinci ; il est l'ancien palais des rois de France

**le musée Rodin (7$^{e}$) :** il abrite des œuvres du sculpteur Auguste Rodin (1840-1917)

**le Palais de Tokyo (16$^{e}$) :** il est le plus grand centre d'art contemporain d'Europe

**le Carreau du Temple (3$^{e}$) :** c'est un ancien marché couvert du XIX$^{e}$ siècle ; il accueille aujourd'hui des événements culturels et sportifs

**le Palais Garnier (9$^{e}$) :** c'est un bâtiment qui a 350 ans d'histoire ; il constitue, avec l'Opéra Bastille, l'Opéra national de Paris

5. a) **Solution individuelle. Exemples de réponse :**
• Je trouve intéressant que *les maisons de couture s'associent à des musées pour leurs défilés.*
• Il me semble étonnant que *les réservations puissent se faire à la dernière minute.*
• C'est impressionnant que *le lieu joue un si grand rôle dans la création de défilés.*

b) **Solution individuelle**

6. a) B • **b)** A • **c)** le Grand Palais ; le Louvre ; le musée Rodin • **d)** des nuisances pendant environ un mois en raison de l'installation d'une construction monumentale • **e)** le lieu très malléable, adaptable ; sa localisation et sa réputation ; l'accueil de jeunes créateurs • **f)** B • **g)** être compatibles avec les activités de l'Opéra

7. a) Paris est la ville *la plus visitée* de France.

b) Dans le domaine de la mode, Paris est *plus important(e) que* Berlin.

c) Paris est-elle *moins propre que* les autres capitales européennes ?

d) Pensez-vous vraiment que la vie à la campagne est *aussi divertissante que* la vie à Paris ?

e) Paris est probablement la ville *la moins abordable* de France.

8. **Binôme A :**
• C'est son prénom mais aussi celui de son grand-père maternel.
• L'art, l'artisanat, la mode, le monde.
• En chipant dans les grands magasins parisiens.
• Le partage, l'échange, la solidarité, l'entraide…
• Faire de la haute couture avec les mamans de son quartier.

**Binôme B :**
• **le parcours de Mossi Traoré :** il naît et grandit dans le 18$^{e}$ arrondissement de Paris, puis déménage à Villiers-sur-Marne ; sa mère l'initie à la couture ; sa passion pour la mode se développe au lycée ; il s'inscrit à l'école Mod'art International après le baccalauréat ; il travaille et fait des stages pendant ses études, notamment à l'Opéra Garnier ; il fait la connaissance de Didier Grumbach, le président de la Fédération française de la couture, qui lui propose de lancer sa première collection ; il crée la marque Mossi puis lance l'école « Les Ateliers Alix »
• **ses rêves et projets :** avoir un impact social positif ; créer une formation professionnalisante pour permettre à tous (décrocheurs scolaires, demandeurs d'asile, …) d'apprendre les métiers de la mode ; offrir aux « mamans du quartier » la possibilité de créer de la haute couture ; donner une image positive de la banlieue…

9. **Solution individuelle. Exemples de réponse :**

« Pour moi, la mode est un moyen d'avoir un impact social. »

« La mode n'est pas seulement du glamour, mais aussi un engagement, un devoir. »

« À Paris, chacun a sa chance. Il faut seulement le vouloir. »

**10. Solution individuelle. Exemple de réponse :**

Un jour, à Villiers-sur-Marne
La tête dans les tissus
Ma maman cousait de belles robes
J'lui demandais : « Comment fais-tu ? »

Maman disait : « T'as pas des devoirs ? »
J'lui répondais : « Regarde, je crée… »
J'lui faisais voir tous mes dessins
Un jour à Paris, je serai couturier

**Paris, Paris, oui j'arrive**
**Moi, mes aiguilles et mes tissus**
**Paris, Paris, oui j'arrive**
**Moi, mes rêves et mes idées**

**11. a) Quelques pistes de réponse :**

- **la vie provinciale de la protagoniste :** une vie calme, monotone et banale, faite d'occupations régulières (le ménage, s'occuper de son mari, élever ses deux enfants) ; elle lit beaucoup sur Paris dans les journaux mondains ; elle a peur de mourir sans rien connaître de la vie et ressent une grande curiosité et une soif de l'inconnu
- **sa vision de Paris et de la vie parisienne :** les fêtes, le luxe, les beaux habits, les hommes connus, les mystères, les vices, les passions humaines, la débauche en continu, les orgies d'artistes et d'actrices, la sensualité…
- **ses impressions quant à son « aventure parisienne » :** à son arrivée à Paris, elle éprouve de la déception car elle ne voit rien qui pourrait suggérer la débauche ; elle s'apprête à quitter Paris quand elle rencontre un écrivain célèbre avec lequel elle passe une journée : mais lui non plus ne lui fait pas découvrir les vices qu'elle recherche : dépitée, ramenée à la réalité, elle décide de rentrer chez elle ; dans la rue, des balayeurs nettoient les ordures : elle le perçoit comme un parallèle avec ses rêves déçus, « poussé[s] (…) à l'égout »

**b) Exemple de réponse :** On comprend de cette citation d'Henri Rochefort qu'il pense que Paris a des côtés positifs, mais également des côtés négatifs : la capitale mérite selon lui d'être admirée, mais il est aussi avantageux de pouvoir la quitter quand l'enthousiasme prend fin. Or, c'est un « avantage » que seuls les provinciaux ont, contrairement aux Parisiens.
La protagoniste de la nouvelle de Maupassant a quant à elle rêvé de Paris, en a fait l'expérience, mais elle en est sortie déçue. Après cette déception, elle peut rentrer chez elle, en province.
Néanmoins, elle ne réalise pas que, n'ayant pas grandi à Paris et n'ayant pas eu la même socialisation qu'une Parisienne, elle voit et juge son expérience de Paris sous l'angle de ses fantasmes et de son point de vue de « provinciale ».

## Paris, ville accessible à tous ? | Page 11

**1. a) – b) Solutions individuelles**

**c)** des escaliers / des entrées de métro au premier plan ; des endroits connus à l'arrière-plan (l'Opéra de Paris / le Moulin-Rouge) ; Paris de nuit ; des passants ; …

**2. a) Exemples de réponses :**

- dans les lieux de vie courante : toilettes, magasins, trottoirs, bureaux…
- dans les services publics : mairies, bureaux de poste, banques…
- dans les lieux d'éducation : établissements scolaires et universitaires, bibliothèques…
- dans les lieux sportifs et de plein air : piscines, jardins publics, parcs, terrains de sport…
- dans les lieux culturels et touristiques : cinémas, musées, théâtres, monuments, hôtels, …
- dans les lieux de restauration : restaurants, bars, cafés…

**b)** L'accessibilité désigne au sens premier le fait que des informations, un lieu, un service… soient accessibles, utilisables et/ou compréhensibles par tous. Lorsqu'il est utilisé dans le domaine du handicap, ce terme désigne le fait, pour des personnes handicapées, de pouvoir accéder à un lieu sans rencontrer d'obstacles.

3. Peu de stations du métro parisien sont accessibles aux personnes à mobilité réduite, ce qui pose problème à l'approche des Jeux olympiques et paralympiques de 2024, qui verra un grand afflux de visiteurs, dont des touristes et athlètes en situation de handicap.

4. **a)** A ; D • **b)** A ; B • **c)** C ; D • **d)** une zone d'une ville dans laquelle tout est accessible aux personnes à mobilité réduite, sans aucune barrière : les logements, les transports, les commerces, les services publics, les espaces culturels et sportifs… mais aussi les trottoirs, les arrêts de bus, les passages piétons etc. •
**e)** les voitures et vélos mal garés, les trottinettes (électriques) abandonnées sur les trottoirs, les poubelles mal placées

5. **a)** devenaient / augmenterait
**b)** avait / pourrais
**c)** habitait / resterais

**6. A + B Quelques pistes de réponse :**

Des raisons de quitter Paris :

- la vie y est chère
- les loyers et les prix de l'immobilier y sont très élevés
- la vie y est stressante et bruyante
- l'air y est plus pollué, il y fait trop chaud en été
- on passe beaucoup de temps dans les transports
- ailleurs, on peut trouver une meilleure qualité de vie : meilleur équilibre vie privée-vie professionnelle, plus de temps pour la vie de famille, plus d'espace (un logement plus grand, un jardin…), des paysages plus attrayants (mer, campagne…)
- le télétravail permet aujourd'hui de travailler depuis n'importe quel lieu

Des raisons de rester à Paris :

- il est plus facile d'y trouver un emploi, les opportunités professionnelles y sont nombreuses, les salaires plus élevés
- on dispose de plus d'offres culturelles et de loisirs (expositions, concerts, …)
- la ville est belle, riche en monuments historiques
- la vie, notamment nocturne, y est très dynamique
- il est facile de rencontrer des gens, de sociabiliser
- depuis Paris, on peut aller partout
- Paris s'adapte, devient plus verte, restreint les voitures pour améliorer la qualité de vie de ses citadins…

**7. Solution individuelle. Quelques pistes de réponse :**

Faites attention au langage employé :

- Respectez les normes du courriel.
- Utilisez le français standard.
- Adaptez-vous à l'interlocuteur / au destinataire : votre correspondant/e français/e et ses connaissances de l'Allemagne.

**Mettez en avant les éléments de contenu suivants :**

L'organisation du territoire allemand :

- En Allemagne, l'écart entre métropoles et province est moins marqué qu'en France.
- Cela s'explique par le fédéralisme : l'Allemagne est composée de 16 États fédérés (les « Länder ») dont chacun a sa capitale. Il existe donc plusieurs centres de pouvoir et l'organisation est plus décentralisée qu'en France.
- Cette organisation est héritée de l'histoire : le territoire allemand a longtemps été fragmenté en de nombreux petits États représentant plusieurs centres de pouvoir.
- L'Allemagne a une grande densité de population : la limite entre ville et campagne n'est pas toujours claire.
- Il existe tout de même des déséquilibres entre ville et campagne, notamment dans la représentation médiatique.
- Les villages en périphérie des grandes villes se portent bien. Ailleurs on assiste à un phénomène d'exode rural, surtout à l'est de l'Allemagne.

Le rapport des Allemands à leur territoire :

- D'après un sondage récent, les Allemands sont en majorité satisfaits d'avoir Berlin comme capitale. Lorsqu'il s'agit d'y vivre en revanche, seuls 10 % pourraient s'imaginer habiter à Berlin.
- Il existe néanmoins des différences de perception entre l'est et l'ouest : Berlin comme capitale est plus populaire auprès des Allemands habitant à l'est du pays qu'auprès de ceux habitant à l'ouest.
- La ville de Berlin est concurrencée par d'autres métropoles, comme Hambourg et Munich, qui sont considérées plus attractives par les Allemands et préférées comme lieu de vie.
- Cependant, un tiers des Allemands ne souhaitent pas vivre dans une grande métropole. Ils préfèrent des villes plus petites.
- Il existe en Allemagne un idéal de la vie dans des petites entités, loin des grandes villes. Le goût pour la vie à la campagne et l'ancrage régional forment un idéal romantique typiquement allemand.
- Les petites villes et les villages sont perçus comme des lieux idéaux pour élever un enfant et passer sa retraite.
- Le fédéralisme est toujours très populaire aujourd'hui. Il est cependant parfois contesté en raison de sa complexité.

**8. Bref historique du métro de Paris :**

**1845** Naissance de l'idée d'un « chemin de fer urbain », le futur métro

**1895** Présentation d'un projet de chemin de fer métropolitain souterrain et électrique par l'ingénieur Fulgence Bienvenüe

**1898** Lancement du chantier du métro

**1900** Inauguration de la ligne 1

**1903** Mort de 84 personnes à la suite d'un incendie dans le métro

**1910** Inondation d'une partie des tunnels du réseau métropolitain

**1934** Prolongement du métro en banlieue de Paris

**1948** Création de la RATP, la Régie autonome des transports parisiens

**1969** Lancement d'un métro express régional connectant la Région Île-de-France à Paris

**1977** Inauguration du RER, le réseau express régional

**1998** Inauguration de la ligne 14, entièrement automatisée

**2010** Annonce du projet du Grand Paris express

**9. Solution individuelle**

## Rencontre avec des citadins solidaires | Page 19

1. a) Un homme est couché par terre, à l'extérieur. Il est allongé sur le côté et n'est séparé du sol que par un carton qu'il a étendu sur une grille. Il s'agit à l'évidence d'un SDF. Il doit faire froid car l'homme porte un bonnet et cache son visage dans le col de sa veste. On peut imaginer qu'il a choisi cet endroit pour profiter de la chaleur de la bouche d'aération. Il a l'air de dormir. Il a pour seule possession un sac bleu qui lui sert d'oreiller. Près du sac, on reconnaît un emballage alimentaire : peut-être qu'il vient de manger. Sur l'homme est écrit en lettres majuscules «Jean Paul Galère », dans une police qui rappelle fortement le logo du grand couturier Jean Paul Gaultier. Il s'agit d'une affiche de l'association Aurore, dont le nom et le site Internet apparaissent en bas, tout comme le message « Ayons l'élégance d'aider ceux qui n'ont rien ». L'affiche est dominée par le gris. Il s'en dégage une atmosphère triste.

b) L'affiche détourne la marque de luxe du grand couturier et créateur de parfums Jean Paul Gaultier en en reprenant la typographie mais en remplaçant « Gaultier » par « Galère ». Ce mot féminin familier signifie « situation pénible, difficile ». On peut également le lire en tant que verbe, décrivant la situation du SDF : « Jean Paul galère » se comprend alors comme « Jean Paul est dans une situation difficile, vit dans la précarité ». L'association Aurore utilise donc un grand nom de la mode, iconique et reconnaissable, pour attirer l'attention sur le sort des SDF, souvent invisibles. Le champ lexical de la mode est mobilisé jusque dans le message de l'affiche, qui invite à faire preuve d'« élégance » : ce terme inscrit dans l'univers de la mode appelle ici à faire preuve de solidarité et d'humanité. En faisant référence à une grande marque de mode, l'affiche pointe aussi du doigt l'écart énorme qui existe entre ceux qui n'ont rien, les SDF, et le monde du luxe.

c) **Solution individuelle**

2. **Solution individuelle. Exemple de réponse :**

« Est-ce que ma vie changera un jour ? Ce n'est pas une vie, c'est de la survie. Où est-ce que je vais aller demain ? J'espère qu'on me laissera tranquille cette nuit. »

3. a) Ce dessin humoristique du dessinateur Mutio représente une scène dans une rue de Paris. Une balayeuse verte portant l'inscription « Propreté de Paris » ainsi que l'emblème des JO nettoie l'espace public. Mais au lieu de ramasser des ordures, elle ramasse des personnes. On comprend qu'il s'agit de SDF car ils vivent dehors, à la rue, à même le sol. Sur l'image, ils sont violemment délogés, encore dans leur duvet, avec leurs abris en carton et tout ce qu'ils possèdent. Ils ont l'air effaré, choqué. Ils ne peuvent pas s'enfuir car ils sont aspirés par le véhicule. Le/la conducteur/-trice de l'engin semble lui/elle impassible, il/elle a même un regard concentré, sévère et indifférent.

b) Au-dessus du dessin humoristique, on peut lire le titre « Les sans-abri déplacés en province avant les J-O… ». Ce titre nous apprend que les personnes sans domicile fixe doivent être « déplacées », c'est-à-dire emmenées à un autre endroit, en l'occurrence en « province » avant les JO, les Jeux olympiques. Les JO d'été 2024 ayant lieu à Paris, on comprend qu'il s'agit d'éloigner les SDF de la capitale avant ce grand événement. La « Ville Lumière » aurait donc l'intention de « nettoyer ses rues » des SDF, probablement pour donner la meilleure image possible de la ville aux touristes, athlètes et délégations lors de l'événement sportif. Les SDF, qui sont une réalité sombre de la capitale, doivent être cachés.

c) Avec son dessin, Mutio dénonce la volonté d'effacer la présence des SDF à Paris pour améliorer l'image de la ville lors des JO. Le dessinateur prend littéralement l'expression « nettoyer les rues des SDF ». Dans son dessin, les SDF ne sont pas gentiment invités à se rendre en province, on ne leur propose pas non plus un hébergement provisoire. Au contraire, ils sont violemment ramassés par un véhicule de nettoyage, comme des ordures. Le dessin met en avant le manque d'humanité avec lequel ils sont traités. Cette critique est directement adressée au gouvernement : la conductrice de la balayeuse est en fait Élisabeth Borne, Première ministre d'Emmanuel Macron depuis 2022. En caricaturant la situation, Mutio révèle l'injustice de la décision et le fait que les SDF ne soient pas aidés mais poussés dehors. C'est un dessin qui critique l'inhumanité des dirigeants et qui appelle à plus de compassion envers les personnes vulnérables.

d) **Solution individuelle**

4. a) – b) **Exemple de réponse :** On peut aider les SDF en leur fournissant de la nourriture, des boissons chaudes, des habits, des couvertures, des médicaments… mais aussi en leur consacrant du temps pour leur parler, les écouter, les aider dans leurs démarches ou à trouver un endroit où passer la nuit.

c) **Exemples de réponse :** l'aide aux personnes précaires (comme les SDF), la lutte contre les discriminations (minorités ethniques et culturelles, personnes handicapées…), l'accueil des migrants et réfugiés, l'intégration des immigrés…

5. **L'association Utopia 56 :** association parisienne qui distribue des denrées de première nécessité aux personnes dans le besoin, en particulier aux SDF, et les aide à trouver un toit pour la nuit (distribution de tentes, renvoi vers d'autres dispositifs d'accueil...). En 2017, elle a lancé un dispositif d'hébergement solidaire, grâce auquel elle met en lien des familles et femmes seules à la rue avec des volontaires d'Île-de-France pouvant les accueillir pour minimum une nuit.

**Selma et sa famille :** Selma est une mère célibataire de 35 ans à la rue avec ses quatre enfants (Zara, 3 ans, Alassane et Lahoucine, tous deux 7 ans et Adia, 10 ans). Ceux-ci vont à l'école dans le 18e arrondissement de Paris. Ils ont quitté la Côte d'Ivoire il y a un an et demi. Selma a dû partir seule avec ses enfants notamment pour protéger ses filles de l'excision. Ils sont arrivés il y a quatre mois à Paris. Une première demande d'asile leur a été refusée.

**Verena et sa famille :** Verena von Derschau est journaliste et vit avec son mari et ses trois enfants (dont Victoria, 12 ans et Marius, 17 ans) à Bagnolet, en Seine-Saint-Denis. L'idée de devenir hébergeurs solidaires leur est venue en 2018, suite à la diffusion d'un reportage sur France 2 et à leur volonté d'aider les migrants plus directement qu'avec des dons à des associations. Ils reçoivent des personnes dans le besoin une à deux fois par semaine, dans l'une des chambres de leurs enfants.

6. **L'état d'esprit de Selma avant d'être accueillie par Verena et sa famille :**
   - l'incertitude, l'inquiétude de ne pas trouver de logement pour la nuit (« L'angoisse de Selma grandit », « la même question vient la hanter », §1)
   - la peur de la violence, de se faire agresser (« Ces soirs-là, Selma ne ferme pas l'œil de la nuit », §1)
   - la peur de perdre ses enfants (« la crainte permanente qu'on lui “arrache ses enfants des mains” », §7)

   **L'état d'esprit de Selma après son accueil par Verena et sa famille :**
   - le sentiment de répit (« une victoire gagnée sur la rue et sa violence », §7)
   - la joie (« un léger sourire sur les lèvres », §7)
   - le soulagement (« ça me soulage », §7)

   **L'état d'esprit de Verena et sa famille avant de devenir hébergeur solidaire :**
   - l'envie d'aider (« J'avais envie de m'engager plus qu'en faisant des dons à des associations », §9)
   - la méfiance et l'appréhension (« On laisse quand même rentrer de parfaits inconnus chez nous », « J'avais peur du vol », §10 ; « Marius s'est demandé si ce “n'était pas un peu dangereux” », §11)

   **L'état d'esprit de Verena et sa famille après leur expérience d'hébergeur solidaire :**
   - le sentiment d'être utile (« on s'est vite rendu compte qu'on accueillait des gens qui avaient surtout besoin de dormir », §11)
   - la satisfaction, le sentiment d'enrichissement, l'ouverture d'esprit (« c'est une ouverture sur le monde incroyable », « Ça nous apporte tellement », §11)

7. **Solution individuelle**

8. **a)** Le mot « toit », qui désigne la partie supérieure d'un bâtiment, est utilisé ici en remplacement de « logement », « maison », mots auxquels il est associé. « Avoir un toit pour la nuit » signifie donc « avoir un logement pour la nuit, un endroit où dormir ». Il s'agit d'une métonymie.

   **b)** Un naufragé est une personne dont le bateau a coulé. Les personnes à la rue, qui se retrouvent sans abri où dormir la nuit, sont assimilées à des naufragés qui auraient perdu leur navire. Il s'agit d'une métaphore.

   **c)** Verena et sa famille veuillent que les personnes qu'ils accueillent se sentent les bienvenues et à l'aise chez eux. Ils ne les traitent donc pas comme des étrangers, mais essayent de les accueillir comme des amis qu'ils connaissent depuis longtemps. Il s'agit d'une comparaison.

9. **a)** En faisant • **b)** en espérant • **c)** en prenant • **d)** En considérant • **e)** en hébergeant

10. **a)** Le collège Berlioz a participé à une initiative consistant à coupler deux collèges de composition sociale très différente pour créer une situation de mixité sociale et scolaire.

    **b) Le collège Berlioz avant 2015 :**
    - la ghettoïsation du collège Berlioz : les parents de milieu favorisé préfèrent envoyer leurs enfants au collège Antoine Coysevox, 600 mètres plus loin, ou dans des écoles privées
    - une grande ségrégation sociale : 60 % d'élèves « défavorisés »
    - des mauvais résultats scolaires : seul un élève sur deux obtient le brevet
    - des violences physiques et verbales, à l'intérieur comme à l'extérieur du collège, notamment du racket

    **Le collège Berlioz après 2015 :**
    - un meilleur environnement à la suite de travaux : la cour a été végétalisée, les bâtiments ont été repeints, un jardin pédagogique a été créé…
    - une offre intéressante de projets pour les élèves : sorties scolaires, chorale, classes bilangues…
    - de meilleurs résultats scolaires ; des élèves tirés vers le haut et motivés à plus travailler : 89% des élèves réussissent désormais le brevet, il y a peu de décrochage scolaire et d'absentéisme
    - des parents satisfaits, y compris ceux issus de milieux favorisés

11. **a)** la directrice de l'école • la directrice de l'école • l'institutrice Marion • un parent d'élève • la directrice de l'école

**b)** Il n'y a pas assez d'enseignants dans l'école, qui manque de tout. Certains parents veulent mettre leurs enfants dans une autre école, avec les élèves favorisés.

**c)** « On va créer la première école verte de banlieue ! » La directrice et l'équipe pédagogique décident de transformer leur école pour la rendre plus attractive. Les enfants doivent pouvoir apprendre dans un cadre plus agréable, proche de la nature, découvrir le vivant grâce à une ferme et un jardin pédagogiques, apprendre à mieux connaître leur corps via les arts martiaux, la méditation… mais aussi réfléchir par eux-mêmes grâce à un enseignement différent.

**d) Solution individuelle**

## Promenades dans Paname | Page 28

1. **A** le jardin du Luxembourg • **B** le jardin des Tuileries • **C** le bois de Vincennes • **D** le bois de Boulogne • **E** le jardin des Plantes • **F** le parc des Buttes-Chaumont

2. **A** 4 • **B** 3 • **C** 6 • **D** 1 • **E** 5 • **F** 2

3. **Solution individuelle. Exemple de programme :**

   **Vendredi matin / midi :** le Louvre / métro ligne 1 / pique-nique au jardin des Tuileries

   **Vendredi après-midi / soir :** les Champs-Élysées, l'Arc de triomphe ; la tour Eiffel, le Champ-de-Mars / métro ligne 1 ; bus ligne 30 / une brasserie près du Champ-de-Mars

   **Samedi matin / midi :** l'île de la Cité, la cathédrale Notre-Dame, le Quartier latin / à pied / pique-nique dans un square

   **Samedi après-midi / soir :** le jardin du Luxembourg ; les catacombes de Paris / à pied ; RER B / dans la rue des Rosiers (connue pour ses falafels) dans le Marais

   **Dimanche matin / midi :** le quartier Montmartre, la basilique du Sacré-Cœur / métro ligne 1 puis 12 / pique-nique au square Louise Michel

   **Dimanche après-midi / soir :** le cimetière du Père-Lachaise ; les grands magasins du boulevard Haussmann / métro ligne 2 ; métro ligne 3 / un restaurant-péniche sur un quai de Seine

4. **a)** D'après cette chanson, on trouve au jardin du Luxembourg des enfants qui courent, des étudiants et des professeurs qui rêvent – les premiers d'avoir terminé leurs études, les seconds de les recommencer – et des amoureux qui se promènent (« remontent discrètement/Le tapis roux que l'automne a déroulé devant eux »).

   **b)** à son enfance

   **c)** Le chanteur semble triste et mélancolique. Il souffre de la solitude (« je suis seul », « Encore un jour sans amour ») et regrette le temps qui passe (« Encore un jour qui s'enfuit »). Une personne qu'il a aimée lui manque (« Un jour de pluie loin de toi »). Il est aussi nostalgique de son enfance et du temps passé au jardin du Luxembourg (« Là où cet enfant passe, je suis passé »). Le temps reflète ses états d'âme : c'est l'automne, il fait froid et les feuilles tombent.

5. **A** §8 • **B** §1 • **C** §6 • **D** §4 | **Solution individuelle**

6. **Exemples de réponses :**
   Le jardin du Luxembourg…
   §2 symbolise le savoir-vivre à la française.
   §3 accueille de nombreux touristes chaque année.
   §4 est un espace d'activités et de sociabilité pour les riverains.
   §5 manque de mixité sociale.
   §6 est un jardin et non un espace vert.
   §7 est l'un des parcs les plus boisés de Paris.
   §8 tente de s'adapter au réchauffement climatique.

7. **Solution individuelle**

8. **Solution individuelle.**
   **Quelques pistes de réponses :**

- c'est un jardin beau et soigné (« l'ensemble architectural et paysager de ce site exceptionnel », §2)
- on peut y faire l'expérience de l'art de vivre à la française (« représente une certaine idée de la France et de Paris », §1)
- on peut y pratiquer différents sports comme le tennis, la pétanque, le taï-chi… ou bien y déjeuner (« beaucoup d'étudiants, de lycéens et des actifs qui viennent manger ou faire du sport entre midi et deux », §4)
- on peut s'y détendre après la visite de musées et monuments (« les touristes étrangers ou français sont nombreux à se balader au Luxembourg après la visite du Panthéon », §4)
- il a une longue histoire (« la vieille dame quatre fois centenaire », §6)
- il est très végétalisé (« l'un des parcs les plus boisés de Paris », §7)

9. **Solution individuelle.**
   **Quelques pistes de réponses :**

   Le/La Parisien/ne du VI$^{e}$ arrondissement connaît bien le jardin du Luxembourg et y passe beaucoup de temps : il/elle s'y promène souvent pour profiter du calme, des arbres et échapper au stress de la vie parisienne. Le/la jeune de banlieue trouve ce jardin bourgeois, un peu « muséal » et trop touristique. Il/Elle s'étonne que le Sénat dépense autant d'argent pour son entretien et regrette que ce lieu ne soit pas plus mixte socialement.

10. **a)** soit ; suis • **b)** soit ; ait • **c)** a ; peux
    **d)** puisse ; sont

11.–12. **Solutions individuelles**

## Une métropole face au défi climatique | Page 35

1. **Solution individuelle. Exemple de réponse :** La photo montre une scène se déroulant à Paris, dans la fontaine du Trocadéro, près de la tour Eiffel. Au premier plan, deux enfants sont allongés dans l'eau, l'une tout habillée, l'autre en caleçon ou en maillot de bain. À l'arrière-plan, des femmes portant des sacs traversent le bassin, les pieds dans l'eau. Plus loin, d'autres personnes se baignent ou marchent dans l'eau. C'est l'été, il fait sûrement très chaud et les gens cherchent à se rafraîchir.

2. **Groupe A :** En août 2003, une canicule d'une dizaine de jours a causé la mort de 15 000 personnes en France. L'Île-de-France a été la région la plus touchée : alors que la mortalité était supérieure de 54 % à la normale en France durant cette période, elle l'était de 141 % en Île-de-France. Le 11 août 2003, on observait seulement un degré de différence entre Paris et Melun de jour, mais cinq degrés de différence la nuit.

   **Groupe B :** Dans les grandes villes, les activités humaines génèrent de la chaleur tandis que les infrastructures en pierre, béton et asphalte stockent la chaleur en journée. La nuit, les bâtiments restituent cette chaleur, mais une partie reste piégée dans certains endroits de la ville, comme les rues étroites : la température reste donc élevée, c'est l'effet d'îlot de chaleur urbain. L'absence de suffisamment d'arbres en ville accentue ce phénomène.

3. **Exemples de réponses :**

- un îlot → une île (a) → eine kleine Insel
- s'additionner → une addition (a), Addition (c) → hinzukommen, sich summieren
- un isolant → isoler (a), isolieren (c) → ein Isoliermaterial
- biosourcé → la source (a), source (b) / bio(logique) (a), biologisch (c) → biobasiert
- le bâti → bâtir, le bâtiment (a) → die Bebauung
- imperméable → perméable, un imperméable (a) → (wasser-)undurchlässig
- empirer → pire, le pire (a) → verschlimmern, schlimmer werden
- une ombrière → une ombre (a) → ein Schattenspender, ein Schattendach
- la débitumisation → le bitume (a), Bitumen (c) → die Bitumenentfernung, -entsiegelung
- végétaliser → végétal (a), Vegetation (c) → begrünen

4. **A** — • **B** §1 • **C** §5 • **D** §8 • **E** — • **F** §2 • **G** §6 • **H** §9 • **I** §3 • **J** §7 • **K** §4

5. **Paris aujourd'hui :**

- Paris n'est pas assez bien préparée aux conséquences du réchauffement climatique (§1)
- les habitants souffrent de la canicule l'été (§1, 2, 3)
- certaines infrastructures de la capitale ne résistent pas à la chaleur (§3)
- Paris subit le phénomène d'îlot de chaleur urbain (§5)
- la santé des habitants est menacée (§6)

**les prévisions pour le futur :**

- l'habitabilité de Paris ne sera plus garantie (§3)
- les canicules seront plus fréquentes, plus intenses et plus longues (§4)
- les températures pourraient atteindre 50 °C dans les prochaines décennies (§4)
- les nuits tropicales pourraient se multiplier (§4)
- il y aura un plus grand risque d'inondations (§6)

**les mesures annoncées :**

- la création de la mission « Paris à 50 °C » (§1)
- la végétalisation de la ville (§6, §8)
- l'installation d'ombrières et de fontaines à boire et brumisantes (§6)
- la débitumisation des sols (§6)
- la rénovation du bâti (§7)

6. **Solution individuelle**

7. **Solution individuelle**

8. **a)** Il fait très chaud à Paris. Il s'agit d'une métaphore.

   **b)** Des grandes rues, des grands boulevards recouverts de bitume, d'asphalte. Il s'agit d'une métaphore.

   **c)** C'est certain, cela va se réaliser. Il s'agit d'une énumération.

   **d)** Un autre grand projet important. Il s'agit d'une comparaison.

9. **a) Solution individuelle. Exemples de réponses :**

   Dans les territoires les plus exposés du Grand Paris, il faudrait par exemple :

- créer de nouveaux espaces verts boisés pour offrir des espaces de fraîcheur où se promener, faire du sport, jouer…
- rendre les établissements scolaires plus verts en végétalisant et débitumant les cours, en y plantant des arbres…
- installer des fontaines à eau et brumisantes à intervalles réguliers dans les villes
- végétaliser les bâtiments, en particulier les toits
- rénover les bâtiments, en particulier les logements sociaux et HLM, avec des matériaux biosourcés
- créer des potagers collectifs

- rendre la banlieue plus accessible en agrandissant le réseau de transports en commun neutres en carbone
- intégrer aux programmes scolaires des cours pour expliquer aux élèves comment se protéger et protéger la planète face au réchauffement climatique

b) **Solution individuelle. Exemple de réponse :**

À première vue, il s'agit d'une contradiction : on pourrait se dire que si on ne fait rien, si on reste « inactif », il n'y aura pas de coûts. Pourtant, parfois, c'est l'absence de réaction qui entraîne le plus grand « prix à payer ». Face au réchauffement climatique et à son impact sur l'habitabilité de Paris, il faut agir maintenant, en rénovant le bâti, en végétalisant la ville, en débitumant etc., quel que soit le coût financier. Certes, cela coûtera cher sur le moment, mais sans cela, Paris pourrait devenir inhabitable et perdre son attrait touristique, son pouvoir économique et par conséquent son influence en France et dans le monde. Or « maintenir une ville belle où plus personne ne vit l'été » (§8) n'a pas de sens.

10. a) les inondations • les particules fines • la pollution de l'air • la perte de (la) biodiversité • le gaspillage alimentaire • les émissions de gaz à effet de serre • la sécheresse • les déchets plastiques • la surconsommation

b) **Exemples de réponses :**

- La surabondance de denrées conduit au gaspillage alimentaire.
- Le trafic routier a un impact sur la pollution de l'air.
- La déforestation a pour conséquence une perte de la biodiversité.
- La surconsommation augmente la quantité de déchets plastiques.
- L'élevage intensif entraîne des émissions de gaz à effet de serre.

c) **Exemples de réponses :**

- Si tout le monde renonçait à prendre l'avion, il y aurait moins d'émissions de gaz à effet de serre.
- Si tout le monde arrêtait d'acheter des produits à emballage jetable, il y aurait moins de déchets plastiques.
- Si on obligeait les magasins à distribuer leurs invendus, il y aurait moins de gaspillage alimentaire.
- Si on encourageait les entreprises à produire moins, il y aurait moins de surconsommation.
- Si on revégétalisait les villes, il y aurait moins de perte de biodiversité.

11. **l'état de la cour avant son réaménagement :**

- le sol de la cour était pavé
- il y avait peu d'arbres
- les enfants étaient souvent fatigués, abattus ; ils restaient assis par terre sous l'auvent de la cour

**les réaménagements entrepris :**

- la plantation d'arbres
- l'installation de points d'eau
- l'installation d'un sol naturel et perméable en copeaux de bois

**les effets positifs des réaménagements :**

- les arbres apportent de la fraîcheur, leur ombre diminue la température de plusieurs degrés
- le sol naturel chauffe moins que les sols artificiels en plastique ou en goudron
- les enfants sont plus actifs, ils jouent de nouveau dans la cour

12. **Quelques pistes de réponse :**

a)
- Elle repeint la cage d'escalier du bâtiment où elle vit avec une peinture bio, qui ne contient pas de produits dangereux pour la santé.
- Elle contribue à végétaliser son bâtiment en installant des plantes dans la cage d'escalier.
- Elle encourage la consommation de produits biologiques, en faisant notamment des gâteaux maison avec des ingrédients 100 % bios.
- Elle lance un potager bio, arrosé à l'eau de pluie et où les désherbants chimiques sont interdits.

b)
- Elle participe au brassage entre les sexes et les générations grâce à ses après-midi pâtissiers où se retrouvent filles et garçons, jeunes et adultes.
- Elle responsabilise les habitants de sa cité, organise un référendum pour les encourager à débattre et à prendre des décisions.
- Elle contribue à l'apparition d'un sentiment de communauté, d'appartenance et de partage.
- Elle s'érige en modèle et les habitants finissent par l'imiter.
- Elle montre que les actes individuels peuvent faire la différence et apporter des changements positifs.

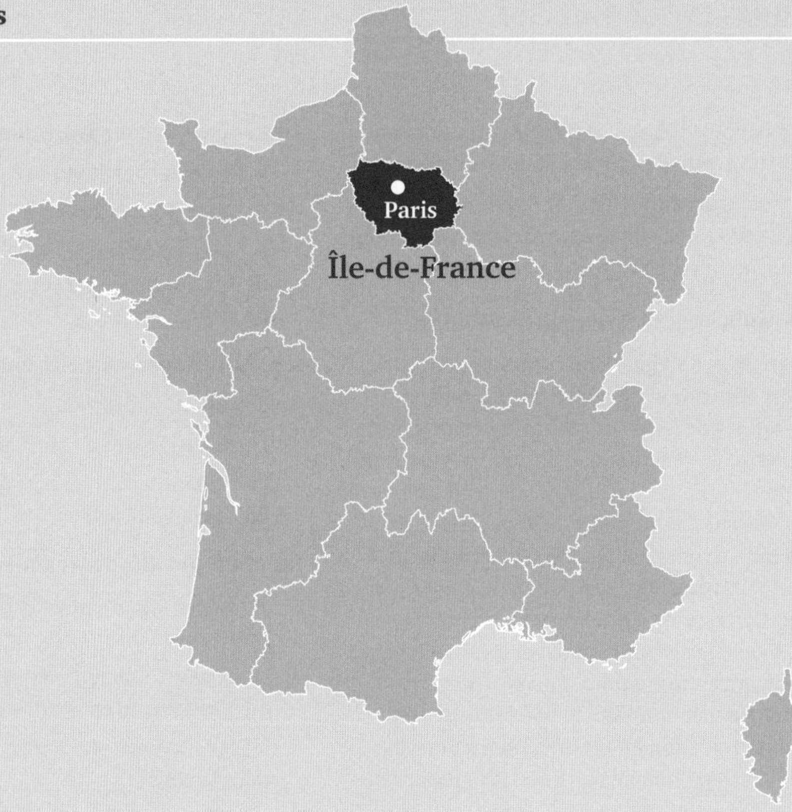

# Annexes

- Expressions utiles
- Vocabulaire
- Cartes : Paris et sa région

## Décrire une image

| | |
|---|---|
| L'image / La photo / L'affiche / Le dessin humoristique / La caricature | montre… / représente… / met en scène… |
| Au premier plan / À l'arrière-plan / En haut / En bas / À droite / À gauche Au centre, au milieu / Devant / Derrière / À côté de…, | on voit… / on distingue… / on devine… / on reconnaît… / on remarque… / on aperçoit… |
| La scène a lieu / se passe / se déroule | en France / à Paris / de jour / de nuit / à l'intérieur / à l'extérieur |
| Le, la photographe / Le dessinateur, la dessinatrice / L'auteur, l'autrice | met en évidence… / critique… / attire l'attention sur... |

De cette image se dégage une atmosphère / une ambiance…
Cette image me fait penser à…
Ce qui me plaît / déplaît / fascine / surprend / choque dans cette image, c'est…

## Participer à une discussion

Je crois / pense / trouve / suis d'avis que…
D'après moi / Selon moi / À mon avis / De mon point de vue, …
Je suis d'accord / Je ne suis pas d'accord avec…
Je suis de l'avis / Je ne suis pas de l'avis de…
Je partage ton opinion / Je ne partage pas ton opinion parce que…
Tu as raison / Tu as tort quand tu dis que…
Tu as raison de dire que…, mais…
D'un côté, …, de l'autre, …
D'une part, …, d'autre part, ...

## Résumer un article dans un monologue minute

**Pour commencer, il faut présenter l'article :**

L'article « … » écrit par (le/la journaliste) … est paru dans (le journal) …

**Ensuite, on présente le contenu de l'article de façon structurée :**

Dans l'article, il est question de…
L'article parle de… / aborde la question de… / expose le problème de…
D'abord, le/la journaliste se penche sur…
Dans le premier paragraphe, on apprend que…
Ensuite, on découvre que…
La suite de l'article décrit… / révèle (que)…
La fin de l'article se concentre sur…

**Pour finir, on peut partager ses impressions sur l'article :**

En lisant cet article, j'ai été surpris/e de découvrir (que)…
Je ne savais pas que…
Cet article m'a ouvert les yeux sur (le fait que)…

**Voici une liste de vocabulaire reprenant des termes clés des cinq articles de presse contenus dans cet ouvrage.**

## Paris

**la capitale** die Hauptstadt
**l'arrondissement** (m.) das Arrondissement, der Stadtbezirk
**le quartier intra-muros** das Viertel im inneren Stadtgebiet von Paris,
  **intra-muros** (lat.) innerhalb der Stadt
**l'Île-de-France** (f.) Region in Nordfrankreich, die größtenteils mit dem Ballungsraum Paris identisch ist
**francilien/ne** aus der Region Île-de-France
**le/la Francilien/ne** Bewohner/in der Region Île-de-France
**le Grand Paris** Zusammenschluss von 131 Gemeinden der Departements Paris, Hauts-de-Seine, Seine-Saint-Denis, Val-de-Marne, Val d'Oise und Essonne
**Paname** (argot) Spitzname für Paris
**Lutèce** Lutetia (antiker Name von Paris)

## Ville

**la banlieue** der Vorort, d. Vorstadt(gürtel)
**le quartier** das Viertel
**la périphérie** die Peripherie, der Stadtrand
**la mairie / l'hôtel** (m.) **de ville** das Rathaus
**le service public** der öffentliche Dienst, die öffentliche Einrichtung
**l'espace** (m.) **public** der öffentliche Raum
**l'espace** (m.) **vert** die Grünfläche
**les travaux** (m. pl.) die Bauarbeiten
**le chantier** die Baustelle
**le/la citadin/e** d. Städter/in
**le/la riverain/e** d. Anwohner/in

## Transports

**les transports** (m. pl.) **en commun** die öffentlichen Verkehrsmittel
**la circulation** der Verkehr
**le RER = le réseau express régional** S-Bahn in Paris und Umgebung
**le quai** der Bahnsteig
**la station de métro** die Metrostation
**l'arrêt** (m.) **de bus** die Bushaltestelle
**le réseau** das (Verkehrs-)Netz
**l'usager/-ère** (m./f.) d. Nutzer/in
**le/la piéton/ne** d. Fußgänger/in
**le trottoir** der Bürgersteig
**le passage piéton** der Fußgängerüberweg, der Zebrastreifen

## Culture et tourisme

**le patrimoine** das Kulturerbe
**le/la mécène** d. Mäzen/in, d. Förderer/-in
**le monument classé** das denkmalgeschützte Monument
**la maison de couture** das Modehaus
**le défilé de mode** die Modenschau
**le partenariat** die Partnerschaft

## Sport

**les Jeux** (m. pl.) **olympiques = les JO** die Olympischen Spiele
**les Jeux** (m. pl.) **paralympiques** die Paralympics
**la compétition** der Wettkampf
**la pétanque** das Boulespiel
**le court (de tennis)** der Tennisplatz

## Différence et inégalités

**le handicap** die Behinderung
**la personne handicapée** die Person mit Behinderung
**la personne à mobilité réduite (PMR)** die Person mit eingeschränkter Mobilität
**le fauteuil roulant** der Rollstuhl
**l'accessibilité** (f.) die Barrierefreiheit
**le/la SDF = le/la sans domicile fixe** d. Obdachlose
**l'hébergement** (m.) **d'urgence** die Notunterkunft
**le logement social** die Sozialwohnung
**la précarité** die Prekarität, die schwierige soziale Situation
**l'exilé/e** (m./f.) d. Emigrant/in, d. Exilant/in
**la demande d'asile** der Asylantrag
**l'association** (f.) die Organisation
**la mixité sociale** die soziale Durchmischung
**le quartier populaire** das Arbeiterviertel

## Climat

**le changement climatique / le dérèglement climatique** der Klimawandel
**le réchauffement climatique** die Klima-/Erderwärmung
**la canicule / la vague de chaleur** die Hitze(welle)
**le pic de température** die Temperaturspitze, die Höchsttemperatur
**l'écart** (m.) **de température** der Temperaturunterschied
**l'îlot** (m.) **de chaleur urbain** die städtische Wärmeinsel
**la sécheresse** die Dürre
**l'inondation** (f.) die Überschwemmung
**la transition écologique** die ökologische Wende
**la neutralité carbone** die $CO_2$-Neutralität
**le plan climat** der Klimaschutzplan
**le/la climatologue** d. Klimaforscher/in

## A Les arrondissements de Paris

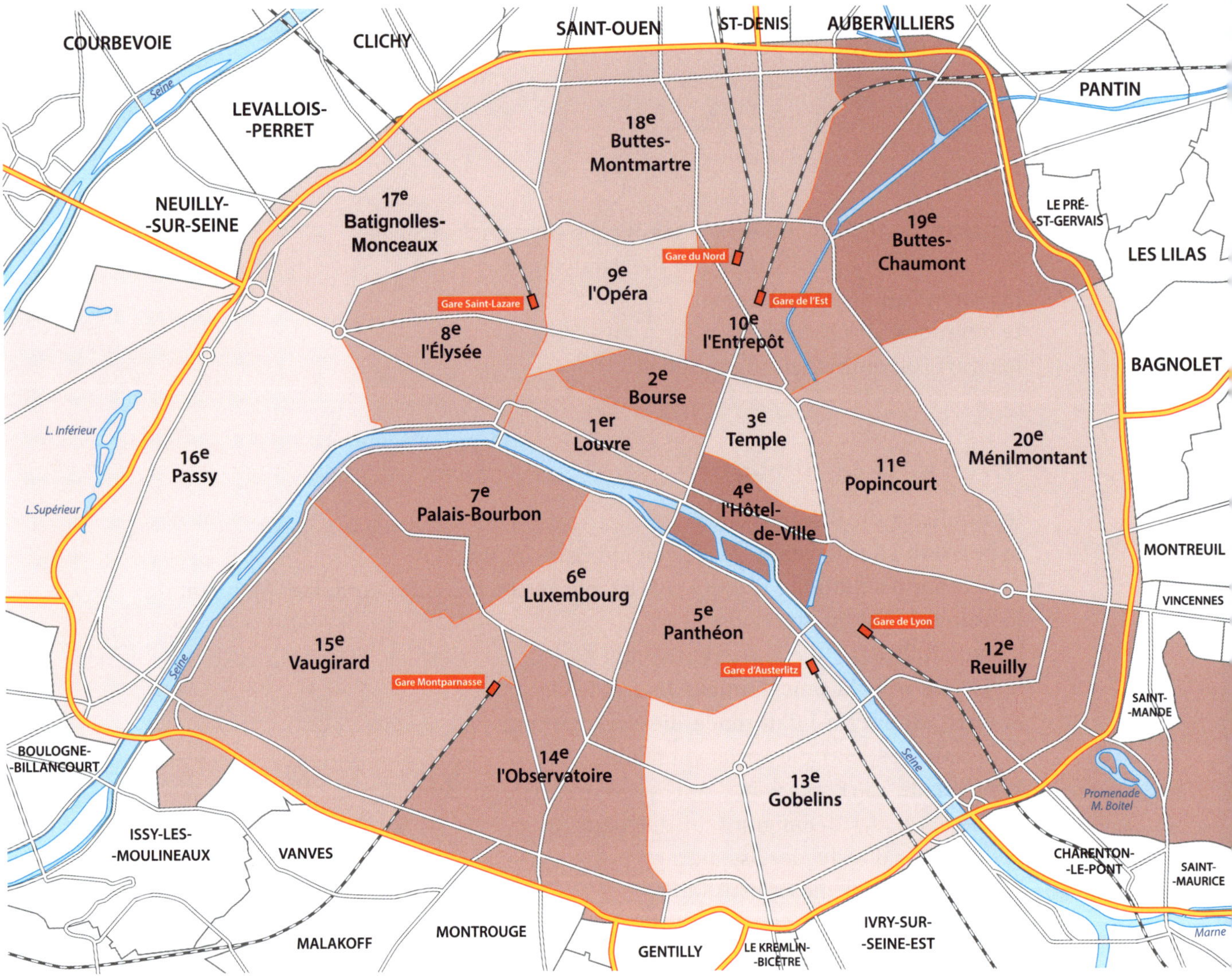

**Carte A :** *La ville de Paris est divisée en vingt arrondissements, qui sont chacun dirigés par un maire. Chaque arrondissement porte un numéro et un nom. La tour Eiffel se trouve par exemple dans le* $7^{e}$ *arrondissement, la basilique du Sacré-Cœur dans le* $18^{e}$*. La ville est traversée par la Seine : la partie de Paris située au nord du fleuve est appelée « rive droite » tandis que le côté sud est appelé « rive gauche ».* | CARTES : *Getty Images/Rainer Lesniewski*

## B La Région Île-de-France

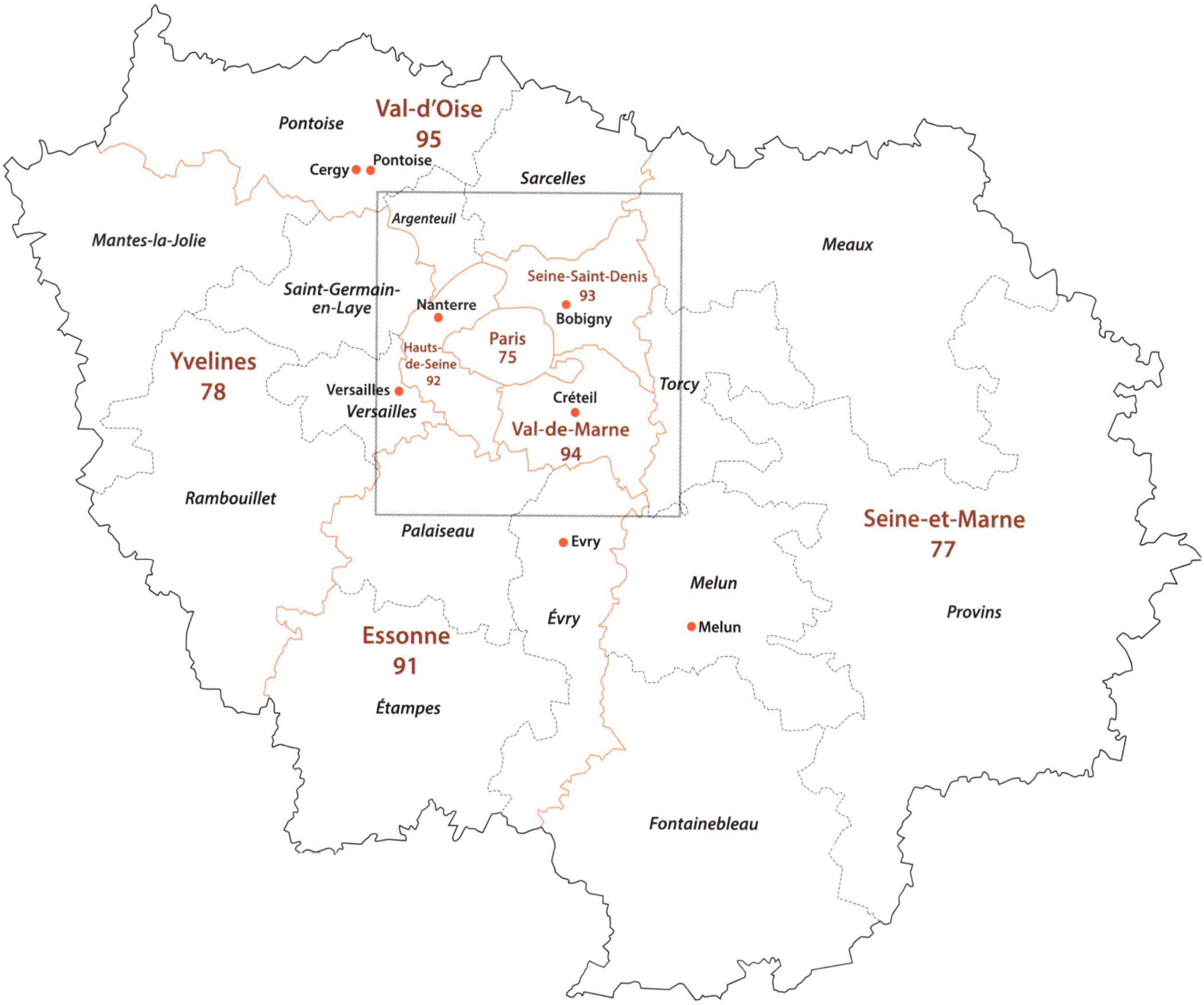


## C

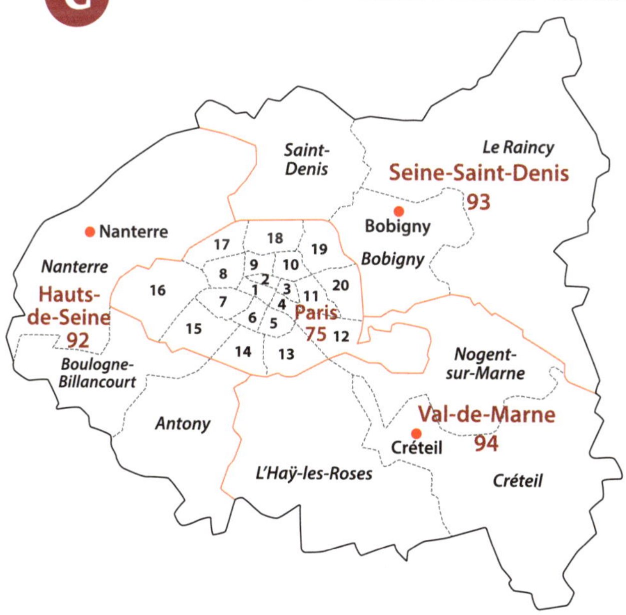


**Carte B :** *La Région Île-de-France, située dans le nord de la France, se compose de huit départements, dont Paris, à la fois capitale et département. Les trois départements limitrophes de Paris (les Hauts-de-Seine, la Seine-Saint-Denis et le Val-de-Marne) forment ce que l'on appelle communément la « petite couronne ». Les quatre départements franciliens les plus éloignés de la capitale (la Seine-et-Marne, les Yvelines, l'Essonne et le Val-d'Oise) sont quant à eux regroupés au sein de la « grande couronne ».*

**Carte C :** *Paris et les départements de la petite couronne.*

1. Auflage 2024

Alle Drucke dieser Auflage sind unverändert und können im Unterricht nebeneinander verwendet werden.


www.schuenemann-verlag.de | www.sprachzeitungen.de

Autorin Übungseinheiten: Bettina Fischer
Verantwortliche Redakteurin: Laure Wallois
Redaktion: Laïla Lubet, Dr. Silvia Rahn, Laure Wallois
Gestaltung und Satz: Britta Leuchtmann
Abbildungen Umschlag Vorderseite: Getty Images (alle), Ralf Crumbach/500px (großes Foto), Thomas Coex/AFP (links und rechts), Peter White (Mitte)
Rückseite: Getty Images (alle), Bruno de Hogues/Gamma-Rapho (links), Matteo Colombo (Mitte), Alain Jocard/AFP (rechts)

Printed in EU 2024 | ISBN 978-3-7961-1182-2